# 처음 시작하는 우드카빙

# 처음 시작하는 우드카빙

**초판 1쇄 펴낸 날** | 2025년 11월 28일

**지은이** | 구펠릭스, 조엄지
**펴낸이** | 홍정우
**펴낸곳** | 브레인스토어

**책임편집** | 김다니엘
**편집진행** | 김진호, 정채현, 박혜림
**디자인** | 이예슬
**마케팅** | 방경희
**외주편집** | 홍주미
**사진** | 게티이미지뱅크, 펠릭스 우드 스튜디오

**주소** | (03908) 서울시 마포구 월드컵북로 375, DMC이안상암1단지 2303호
**전화** | (02)3275-2915~7
**팩스** | (02)3275-2918
**이메일** | brainstore@publishing.by-works.com
**블로그** | http://blog.naver.com/brain_store
**인스타그램** | https://instagram.com/brainstore_publishing

**등록** | 2007년 11월 30일(제313-2007-000238호)

© 브레인스토어, 구펠릭스, 조엄지, 2025
ISBN 979-11-6978-069-8 (03620)

\* 이 책은 저작권법에 따라 보호받는 저작물이므로 무단전재와 무단복제를 금하며, 이 책 내용의 전부 또는 일부를 이용하려면 반드시 저작권자와 브레인스토어의 서면 동의를 받아야 합니다.
\* 잘못 만들어진 책은 구입하신 서점에서 교환하실 수 있습니다.
\* 독자의 부주의로 훼손된 도서나 필요 이상의 물리적인 힘이 가해져 파손된 도서는 교환, 환불이 불가합니다.

우드카빙 입문자들을 위한 섬세한 가이드북

# 처음 시작하는 우드카빙

구벨릭스·조엄지 지음

나무의 결을 따라가는 안식의 시간

bs
브레인스토어

## 차례

프롤로그

### 제1장. 우드카빙 시작하기
우드카빙   10
스푼 카빙   11
우드카빙에 쓰이는 나무   13
나무의 결   17
그레인 맵으로 제결 찾기   20
제결을 찾는 추가적인 방법   22

### 제2장. 우드카빙 준비하기
작업 환경 만들기   26
모탕 만들기   36
스푼 디자인하기   41
작업 공정 세우기   43
블랭크 만들기   44

### 제3장. 우드카빙 작품 만들기
커리큘럼 살펴보기   54
매직 완드   56
날물 연마   76
버터나이프   109
머들러   123
나뭇잎 다하   132
스프 스푼   147
서빙 스푼   160
라면 국자   168
패턴 카빙과 칩 카빙   179

에필로그

부록. 그레인 맵 정답지

## 프롤로그

　펠릭스 우드 스튜디오도 어느덧 8년 차 공방이 되었습니다. 현재와는 다른 저희의 첫 모습을 기억하는 분들도 있을 겁니다. 지금은 넓은 공간에 기계와 작업대, 다양한 공구를 갖춘 목공방이 되었지만, 처음에는 3평 남짓한 작은 방에서 우드카빙을 시작했습니다. 작업대 두 대를 방 한가운데 바짝 붙여 놓고 그동안 모은 판재와 공구를 차곡차곡 정리해 아담한 작업실을 만들었습니다. 넓진 않았지만 오히려 몰입하기에 좋은, 운치 있는 공간이었지요. 조용한 작업실은 사각사각 나무 깎는 소리를 듣기에 꼭 맞았고 하루 일과를 마친 느슨한 밤은 오롯이 작업에 집중할 수 있는 시간이 되었습니다. 어쩌면 공간이 창의성을 불러일으키고 의지를 움직이는지도 모르겠습니다. 소목이라 불리는 목공 작업은 대부분 일정한 공간과 기계가 필요하지만 우드카빙은 작은 공간과 수공구만으로도 충분히 작업할 수 있다는 매력이 있습니다. 저희는 가구 제작으로 목공을 배웠기 때문에 넓은 공간에서만 작업할 수 있다고 생각했지만, 작은 방에서 우드카빙을 하며 새로운 가능성을 발견하고 그 경험이 저희를 지금까지 이끌어 왔습니다.

　이 책은 저희처럼 우드카빙을 하고 싶은 분들, 특히 목공방에서 배울 기회가 없더라도 스스로 시작해 보고 싶은 분들을 위해 만들었습니다. 우드카빙은 반드시 정해진 방식이나 특정 도구로만 하는 작업이 아닙니다. 각자의 환경과 취향에 맞춰 도구와 작업 방식을 조율할 수 있어야 합니다. 어떤 도구를 선택해야 할지, 어떤 방식이 나에게 맞을지 고민이 되겠지만, 걱정하지 마세요. 이 책에선 그 과정에서 도움이 될 수 있도록 다양한 방법과 접근법을 소개합니다. 스스로 고민하고 선택하는 과정 자체가 창작의 일부이며 그 과정에서 자신만의 방식을 찾아가는 즐거움을 느낄 수 있습니다.

우드카빙은 단순한 결과물이 아니라 작업 과정이 켜켜이 쌓여 만들어지는 이야기입니다. 자율적으로 작업하며 느끼는 성취감과 만족감은 창의적인 작업의 원동력이 되고, 삶을 더욱 풍성하게 만들어 줄 것입니다. 저희의 작은 작업실에서 시작된 이야기처럼 독자 여러분도 나무를 깎으며 나만의 감각과 개성을 발견하고 손끝으로 새로운 자신을 표현하는 기쁨을 느낄 수 있기를 바랍니다.

제1장

우드카빙
시작하기

# 우드카빙

　우드카빙이란 나무(wood)를 칼이나 톱, 도끼 등을 사용해 자르고 깎아 내어(carving) 형태를 만드는 작업입니다. 나무 장승이나 불상, 글씨를 새긴 현판도 우드카빙에 속합니다. 나무는 오래전부터 쓰인 친숙한 소재이기 때문에 '우드카빙'이란 단어는 어렵지 않게 이해할 수 있습니다. 하지만 내가 직접 나무를 깎아 물건을 만든다고 생각하면 왠지 낯설게 느껴집니다. 나무는 구하기 어렵고 칼은 위험하단 생각이 먼저 떠오릅니다. 그럼에도 불구하고 사각사각 나무 깎는 소리를 상상하면 어느새 해 보고 싶은 마음이 불쑥 솟아오르곤 합니다.

　잠시 주변을 둘러보세요. 곳곳에서 나무가 있습니다. 식탁 위엔 군데군데 그을음이 남은 냄비 받침, 카페에는 각양각색 나무 의자들, 이름 모를 집 앞 가로수는 철마다 모습을 바꾸며 아름다운 사계절을 전해 줍니다. 나무를 깎는 일도, 사실 누구나 한 번은 해 봤을 일입니다. 어릴 적 서툰 손놀림에 울퉁불퉁 깎였던 연필이 점차 곧게 다듬어질 때의 짜릿함은 미술 시간의 작은 즐거움이었죠. 우리가 주목하지 않았던 곳에도 나무가 있고 오래된 기억 속에는 성취감이 남아 있습니다. 이렇듯 우드카빙에 호기심이 생기는 건 자연스런 일입니다.

# 스푼 카빙

앞에서 '나무를 깎아서 만들면 우드카빙'이라고 했습니다. 이제 나무라는 재료는 정해졌으니 무얼 만들지 고민하게 됩니다. 나무는 어디에나 잘 어울려서 화병이나 장식용 오브제를 만들 수도 있고 자연 소재라 아이들을 위한 장난감을 만들기에도 알맞습니다. 요즘은 멋스런 나무 그릇과 접시도 많이 볼 수 있습니다. 여러 목물 가운데 우드카빙의 기초를 다지고 즐겁게 작업을 이어 가기 좋은 물건이 스푼입니다.

우선 나무라는 소재를 이해하기에 적합합니다. 나무는 결을 잘 파악해야 가공이 쉬워지고 결과물의 완성도도 높아집니다. 스푼은 나뭇결이 명확히 드러나는 형태를 하고 있어 결을 읽는 연습에 매우 적합합니다. 그레인 맵을 활용해 나뭇결 읽는 법을 반복적으로 익히다 보면 나중에는 어떤 형태의 목물이든 직관적으로 결을 파악할 수 있을 것입니다. 둘째, 스푼을 만드는 과정은 물건에 깃든 가치와 의미를 다시 바라보게 합니다. 스푼은 먹고 사는 데 꼭 필요한 도구이지만, 값싸고 손쉽게 살 수 있기 때문에 '굳이 만들어야 할까'라는 생각이 들기도 합니다. 그러나 삶을 이어 가는 데 필요한 물건을 직접 만들어 보는 경험은 노력과 인내, 과정의 중요성, 자원의 유한함처럼 우리가 일상에서 잊기 쉬운 가치를 다시 일깨워 줍니다. 마지막으로 자유롭고 가볍게 작업할 수 있습니다. 스푼은 비교적 크기가 작고 필요한 도구도 단출하여 약간의 준비만으로 내 방, 동네 공원, 해변가처럼 내가 좋아하는 곳 어디서든 작업할 수 있습니다. 장소에 구애받지 않고 나무를 깎으며 느끼는 감정들은 작업을 한정짓는 경계를 허물고 창작의 열정을 키워 주는 밑거름이 됩니다. 앞으로 스푼은 물론 버터나이프, 스파튤라처럼 생활에 유용한 커트러리를 만들며 우드카빙을 익혀 가려 합니다. 우리 모두 훌륭한 스푼 카버(spoon carver)가 되는 모습을 상상하며….

# 우드카빙에 쓰이는 나무

우드카빙에 사용할 수 있는 나무는 생각보다 가까운 곳에 있습니다. 천원샵에서 산 도마를 잘라 쓸 수도 있고, 아파트 한편에 쌓인 통나무도 좋은 재료가 됩니다. 나무마다 다른 수분 함량, 결 방향, 단단함을 알면 앞으로 작업을 그려 볼 수 있습니다. 나무를 고르는 과정을 통해 목재를 이해하는 눈과 감각도 높아질 것입니다.

### 1. 건조목과 생목

나무는 내부에 많은 수분을 함유하고 있습니다. 생장 중인 나무를 베어 내면 시간이 지나면서 수분이 서서히 빠져나가고 부피와 무게가 줄어듭니다. 나무에 포함된 수분의 양을 건조한 상태의 무게와 비교해 나타낸 비율을 함수율이라고 하며, 함수율이 10% 이하로 낮아진 목재를 건조목이라 부릅니다. 건조목은 부피와 무게가 줄어들어 유통과 보관이 용이하고 수분으로 인한 부패와 변형에도 안정적입니다. 목재상에서 판매하는 대부분의 목재는 건조목입니다. 이에 비해 생목은 수분을 많이 포함합니다. 보통 나무가 겨울을 준비하며 수분을 줄이는 11월에서 2월 사이 수확한 것이 좋습니다. 생목은 부드럽게 깎을 수 있어 초벌 가공에 유리하지만, 시기에 맞춰 재료를 구하기 어렵고 작업 중에도 천천히 건조되므로 마른 상태로 완성하려면 일정한 시간이 필요합니다. 또한 건조 환경이 불안정할 경우 변형이나 갈라짐이 생길 수 있습니다.

## 2. 제재목과 집성목

목재상에서 구매할 수 있는 건조목에는 집성목과 제재목이 있습니다. 집성목은 여러 나무토막을 이어 붙여 규격화한 목재입니다. 토막마다 결 방향이 다르게 집성되면 깎을 때 결이 어긋나는 부분이 생기고 집성에 사용된 접착제가 수분에 녹을 수 있어 물에 닿는 식기류 재료로는 적합하지 않습니다. 제재목은 자연 그대로의 통나무를 켠 후 인공 또는 자연 건조를 거친 목재입니다. 보통 두께 4/4"~8/4", 폭 100~300mm, 길이 6~10자*로 판매되며 크기나 규격은 일정하지 않습니다. 스푼 카빙처럼 재료의 일체성과 결 방향이 중요한 작업에는 제재목이 적합합니다.

## 3. 소프트 우드와 하드 우드

나무는 크게 소프트 우드와 하드 우드로 나눌 수 있습니다. 보통 잎이 가는 침엽수(삼나무, 편백나무, 소나무 등)는 목질이 연하고 무른 소프트 우드, 이파리가 넓은 활엽수(호두나무, 벚나무, 느티나무 등)는 목질이 단단한 하드 우드에 속합니다. 스푼처럼 작은 부피에도 충분한 강도를 유지하고 제작 후 오래 사용할 수 있으려면 하드 우드를 선택하는 것이 좋습니다. 하드 우드는 수종에 따라 단단함과 결, 색감이 다양해 디자인과 취향에 따라 고르는 재미도 있습니다. 대표적인 하드 우드로는 월넛, 체리, 메이플이 있습니다. 각 나무는 강도, 목질, 색이 뚜렷하게 달라 완성작의 느낌은 물론 나무를 깎을 때의 느낌도 다릅니다.

---

* 목재상에서는 두께를 4/4, 8/4과 같은 분수 단위로, 길이는 자 단위로 표기합니다. 그래서 판재를 구매하실 때는 단위에 유의해야 합니다. 두께 4/4"는 1인치(약 25.4mm), 1자는 약 300mm입니다.

**월넛(호두나무)**
중후한 느낌의 어두운 갈색을 띠며 결이 아름다워 인기 있는 수종입니다. 눈매가 잘 보이고 적당히 단단해 초심자에게도 적합합니다.

**체리(벚나무)**
붉은빛을 띠는 나무로 시간이 지날수록 자연스럽게 색이 깊어지는 매력적인 수종입니다. 결이 곧고 목질이 부드럽습니다.

**메이플(단풍나무)**
밝은 아이보리 색으로 밀도가 높아 매우 단단합니다. 제작 과정에서 표면이 쉽게 떼탈 수 있어 섬세한 마무리와 특수한 마감이 필요합니다.

**좌측부터 월넛, 체리, 메이플**

　여러 조건들을 종합해 보면 **'변형이 적고, 구하기 쉬우며, 단단해서 오래 쓸 수 있는'** 하드 우드 제재목이 스푼 카빙에 가장 적합합니다. 이 기본을 바탕으로 시작하면 재료에 대한 이해와 작업의 완성도도 꾸준히 높아질 것입니다. 그러나 꼭 정해진 재료만 고집할 필요는 없습니다. 상황에 따라 생목으로도 목물을 만들 수 있습니다. 가지치기한 나뭇가지를 잘 쪼개어 말려 두면 연습작이나 작은 목물 제작에 유용한 재료가 됩니다. 생목을 주재료로 삼는 '그린 우드카빙'에 관심이 있다면 『스웨덴 슬뢰이드 장인의 그린 우드카빙』이라는 책도 참고해 보시기 바랍니다. 다양한 나무를 다루어 볼수록 재료에 대한 이해가 깊어지고 하고 싶은 작업도 자연스럽게 늘어날 것입니다. 그렇게 작업을 이어 가다 보면 나무를 고르고 다루는 일 자체가 또 하나의 즐거움이 될지도 모릅니다.

# 나무의 결

우드카빙은 단순히 나무를 깎는 것과는 다릅니다. 나무가 깎이며 드러나는 아름다운 결 무늬, 걸림 없이 부드러운 촉감은 나무의 특성을 잘 이해했을 때 느낄 수 있는 매력입니다. 나무란 소재의 가장 큰 특성은 결이 있다는 것입니다. 나뭇결을 무시하고 힘만으로 대강 깎아 내면 결과물의 완성도가 떨어질 뿐 아니라 작업 중에 나이프가 걸리거나 손을 다치는 등 위험한 상황이 생길 수 있습니다. 우드카빙은 기계가 아닌 수공구와 사람의 힘으로 나무를 다루는 작업입니다. 사람의 힘은 기계에 비해 약하기에 나무를 잘 깎기 위해선 무엇보다 결을 잘 이해하는 것이 중요합니다.

나무는 뿌리, 줄기, 가지와 잎으로 이루어져 있습니다. 뿌리는 나무를 땅에 고정하고 물과 미네랄을 흡수합니다. 잎에서도 광합성으로 영양분을 만들어 가지를 통해 전달합니다. 줄기는 뿌리와 가지를 이어 주며 물과 영양분이 이동하는 통로가 됩니다. 줄기는 뿌리나 가지보다 형태가 곧고 부피가 크기 때문에 줄기를 수확해 목재를 생산합니다. 우리가 이해해야 하는 부분은 목재 표면에 드러난 결의 구조입니다.

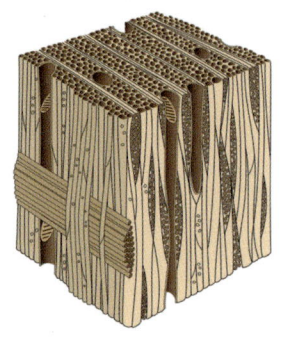

목재를 현미경으로 확대해서 보면 결이 단순한 색이나 무늬가 아니라 물관, 체관, 기타 섬유질, 방사 세포 등으로 이루어진 구조임을 볼 수 있습니다. 이 조직들은 리그닌이라는 천연 접착 물질로 단단히 결합되어 있으며, 마치 수천 개의 빨대를 모아 다발로 묶은 것처럼 보입니다. 따라서 나무를 깎는 것은 빨대 다발을 깎아 내는 것과 비슷합니다.

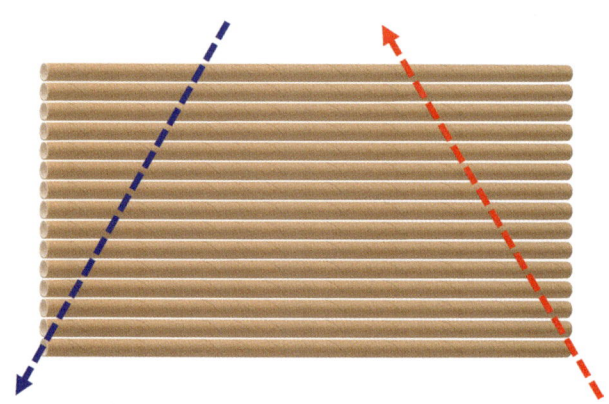

위 그림에서 빨대 다발을 비스듬히 잘라 낸다고 가정해 보겠습니다.

파란 화살표: 빨대 벽을 따라 빨대 입구 쪽으로 잘라 나가면, 칼날이 빨대 벽을 파고들면서 새로운 단면(빨대 입구)를 만들며 부드럽게 잘립니다.

빨간 화살표: 빨대 입구에서 빨대 벽을 향해 잘라 나가면, 빨대 입구에서 칼날이 걸리며 저항이 생기고, 빨대 사이에 칼이 걸리면 붙어 있던 빨대 사이가 벌어질 수 있습니다.

따라서 빨대 벽에서 입구 쪽으로 자연스럽게 잘 깎이는 방향은 제결(순결)이라고 하고, 빨대 입구에서 벽 쪽으로 깎아 저항이 생기고 뜯기며 잘 깎이지 않는 방향을 엇결(역결)이라고 합니다.

# 그레인 맵으로 제결 찾기

처음 카빙을 하면 머리로는 제결과 엇결 개념을 이해하고 있어도 막상 손이 편한 대로 작업해 버리기 쉽습니다. 이런 실수를 줄이기 위해 작업 전에 그레인 맵(나뭇결 지도)을 그려 두면 제결을 파악하는 데 도움이 됩니다. 스푼은 볼과 자루로 구분되어 있고 오목한 면과 볼록한 면이 모두 있어 여러 형태의 그레인 맵 연습에 적합한 목물입니다.

제결을 찾을 때는 깎아 낼 부분보다 살려야 하는 부분, 즉 나무를 깎은 뒤에 남을 부분의 결을 기준으로 파악하는 것이 쉽습니다. 아래는 관다발(빨대) 배열만 남겨서 살리는 부분을 단순화한 도면입니다. 갈색 칸 하나하나가 관다발 벽(빨대 벽)을 의미하고, 갈색 칸 양 끝은 관다발 단면(빨대 입구)을 나타냅니다. 초심자에게 스푼 전체 그레인 맵을 한 번에 그리는 것은 다소 어려울 수 있습니다. 그래서 볼 안쪽과 외형으로 나누어 제결을 찾는 연습을 해 보겠습니다.

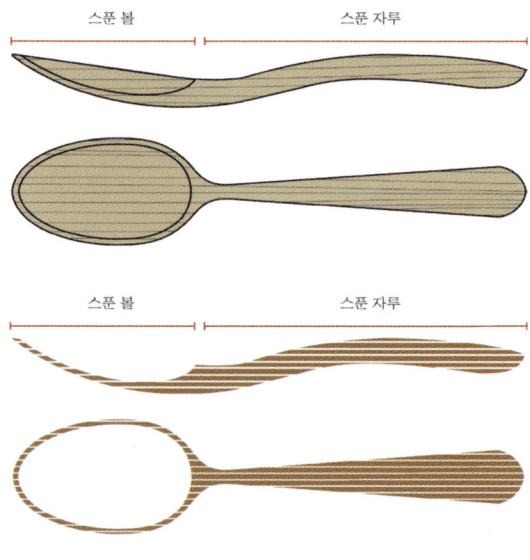

1. 볼 안쪽에서는 볼의 얕은 부분에서 깊은 부분으로, 볼의 좁은 부분에서 넓은 부분으로 나아가는 방향이 제결입니다.

2. 외형에서는 넓은 면에서 좁아지는 방향, 볼록한 면에서 오목한 면으로 이어지는 방향이 제결입니다.

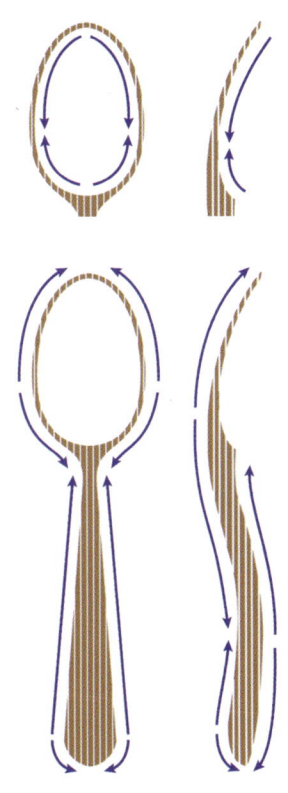

완성된 그레인 맵에서 볼과 자루가 이어지는 스푼 목 부분, 볼 테두리, 볼 가장 깊은 부분에서 제결이 부딪히는 것을 볼 수 있습니다. 한 쪽 면을 제결로 깎은 다음 반대쪽도 제결로 깎을 때, 양쪽이 경계 지점에서 깔끔하게 만나지 못하면 미세한 엇결이 생기면서 뜯길 수 있습니다. 이 뜯김을 정리하려고 계속 깎다 보면 목 부분이 점점 가늘어지거나 볼 테두리가 지나치게 얇아질 수 있습니다. 따라서 제결이 만나는 경계 지점은 주의 깊게 작업해야 합니다.

1. 볼 안쪽을 깎을 때 제결 경계 지점을 넘어가면 턱이 지며 엇결로 잘 뜯깁니다. 안쪽 경사면이 급격하게 만날수록 제결 경계가 좁아서 뜯김을 정리하기 어렵고, 완만하면 보다 쉽게 정리할 수 있기 때문에 디자인할 때 고려합니다.

2. 스푼 목 부분은 엇결로 잘 뜯기면서 스푼에서 가장 얇고 약한 부위이기 때문에 조심스럽게 깎아야 합니다.

# 제결을 찾는 추가적인 방법

그레인 맵에 표시한 제결은 '이상적인' 제결입니다. 만약 너른 평지에서 곧고 흠 없이 자란 나무만 쓴다면 그레인 맵과 실제 결이 거의 일치할 것입니다. 하지만 현실의 나무는 산비탈에서도 자라고 병충해를 입기도 하며 때로는 비틀어지고 휘어지며 성장합니다. 가지가 지나치게 무겁고 커지면 이를 지탱하기 위해 가지가 시작되는 지점에 두꺼운 주름이 생기기도 합니다. 이는 관다발 배열에 변형을 줄 수 있는 요인이 생긴다는 뜻입니다.

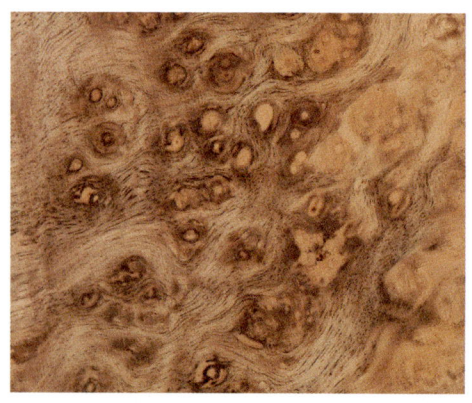 

나무가 병충해를 입어 생긴 벌(burl)이나 결이 구불거리는 컬(curl)은 관다발 배열이 변형된 대표적인 예입니다.

또 다른 예로 옹이를 들 수 있습니다. 줄기의 관다발 일부가 가지에 영양분과 물을 공급하다가 가지가 죽으면 생장점이 줄기 속으로 파묻히면서 옹이가 생깁니다. 옹이 주변에는 결이 옹이를 둘러싸거나 옹이 안으로 빨려 들어가는 변형을  볼 수 있습니다. 이처럼 결이 변형된 부분은 카빙을 할 때 제결에도 영향을 미치기 때문에 변형된 결을 읽는 방법을 익히는 것이 중요합니다.

### 1. 손으로 파악하기

나무를 제결로 깎을 땐 부드럽게 잘 깎입니다. 그러나 엇결로 파고들기 시작하면 칼날에 저항이 느껴지고 표면이 뜯기기 시작합니다. 처음에는 부드럽게 깎이던 나무가 잘 깎이지 않을 때 엇결이 시작된 것으로 판단할 수 있습니다. 이때 단단한 나무라고 오해해 힘을 주어 깎으면 걸린 부분이 한꺼번에 뜯겨 나갈 수 있습니다. 따라서 단단한 재질 자체와 엇결로 인해 생기는 저항감을 구분하는 감각을 체득해야 합니다.

### 2. 눈매(관구멍) 읽기

목재 표면을 자세히 보면 결 방향을 따라 작은 점들이 박혀 있는 것을 볼 수 있습니다. 이는 관다발의 절단면(빨대 입구)이 목재 표면에 드러난 것으로 '눈매'라고 합니다. 눈매는 원형보다는 물방울 형태를 띠며, 한쪽은 넓고 진하며(물방울 머리) 반대쪽은 가늘고 희미하게 사라집니다(물방울 꼬리). 이때 물방울 머리에서 꼬리로 향하는 방향이 제결입니다. 옹이나 컬이 있는 부분에서는 눈매 배열이 일정하지 않고 뒤틀리거나 비뚤어져 보이므로 미세한 결 변화는 눈매를 보고 읽어낼 수 있습니다. 다만 월넛처럼 눈매가 뚜렷한 수종도 있지만, 어떤 수종은 눈매가 거의 보이지 않기도 합니다.

버터나이프 날 윗면의 눈매를 관찰해 보면 눈매들이 일정한 방향으로 놓인 것을 확인할 수 있습니다.

파란 원 안 눈매들을 보면 머리와 꼬리가 모두 같은 방향을 향하고 있습니다. 이때 머리에서 꼬리로 이어지는 방향(화살표 방향)이 제결입니다.

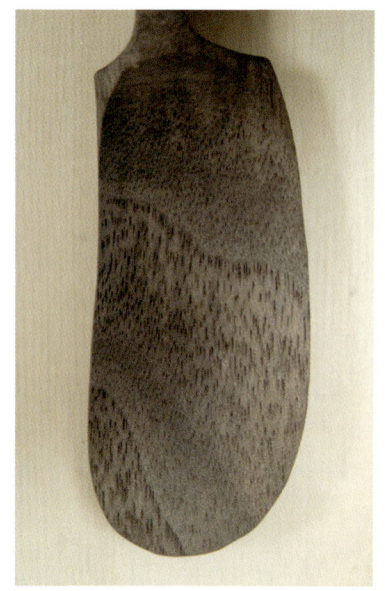 

정리하자면, 작업을 시작하기 전 그레인 맵으로 전체적인 제결을 찾고, 카빙을 하다가 손에 걸리는 부분이 느껴지면, 눈매를 읽어 제결을 다시 파악하고 깎는 방향을 수정합니다.

결을 보는 방법은 서로 보완적인 관계에 있습니다. 그레인 맵만 고집하면 실제 작업 중 결의 미세한 변화에 당황할 수 있고, 반대로 손 감각과 눈매에만 의지해 제결을 찾다 보면 큰 흐름을 놓치고 작업이 더뎌질 수 있습니다. 따라서 그레인 맵으로 큰 방향을 잡고 손과 눈으로 작은 변화를 읽어 내며 대응하는 과정을 반복하다 보면 결을 자연스럽고 직관적으로 파악할 수 있게 될 것입니다.

제 2 장

# 우드카빙 준비하기

# 작업 환경 만들기

우드카빙을 시작할 때 가장 먼저 고민하는 부분은 작업 공간입니다. 넓은 작업 공간을 가질 수 있으면 좋겠지만 비용이 들고 그만큼 자주 가야 한다는 중압감도 따릅니다. 이런 부담을 줄이려면 자신에게 맞는 적절한 작업 환경을 만드는 것이 중요합니다. 이 장에서는 우드카빙에 적합한 작업 공간과 작업대, 도구 선택에 대해 다루겠습니다.

**1. 작업 공간 선택하기**

작업 공간을 선택하는 것은 단순히 물리적인 공간을 고르는 것이 아닙니다. 내 작업 스타일, 생활 패턴에 맞는지, 공간에 쉽게 접근할 수 있는지, 안전하고 편리하게 작업할 수 있는지도 고려해야 합니다. 아래 네 가지 주요 공간은 각각 장단점이 있습니다.

1) 열쇠 공방 등록하기: 열쇠 공방은 목공 기계와 설비, 개인 작업대가 갖춰져 있고 소음과 분진 걱정 없이 작업할 수 있습니다. 또한 공방 회원들과 목재나 공구를 공동 구매 할 수 있는 장점이 있습니다. 다만 별도 교육 과정이 없기 때문에 목공 경험자에게 적합합니다.

2) 개인 작업 공간 구하기: 24시간 개방되는 공유 작업실은 개인 공간을 제공하고 원하는 시간에 작업할 수 있습니다. 하지만 일부 작업실은 목공 작업이 제

한될 수 있으므로 이용 안내를 잘 확인해야 합니다. 작업실을 임차할 경우 3~5평 정도면 소형 기계도 갖출 수 있습니다.

3) 집 안 공간 활용하기: 집에서 취미로 하는 목공을 흔히 '베란다 목공'이라고 합니다. 자투리 공간을 알차게 활용해 DIY 가구나 짜맞춤 가구를 만드는 열정적인 목우들이 많습니다. 우드카빙은 훨씬 작은 공간에서 간소한 도구로 할 수 있어서 내 방이나 거실을 작업 공간으로 활용할 수 있습니다.

4) 밖에서 카빙하기: 공원 벤치나 동네 뒷산 같은 가까운 야외 공간도 좋은 작업 환경이 됩니다. 야외 작업은 날씨와 시간에 영향을 받기 때문에 미리 작업을 계획하고 필요한 도구와 옷을 준비해야 합니다. 작업이 끝난 후에는 반드시 주변을 정리합니다.

열쇠 공방과 개인 작업실은 목공 전용 작업에 적합하지만 이용하지 않을 때에도 대여료가 발생하고 거리가 멀면 작업실을 다니는 피로도가 높아집니다. 반면 집에서 작업하면 시간과 비용을 경제적으로 쓸 수 있습니다. 우드카빙에 할애할 예산과 시간을 고려해 적합한 작업 공간을 정한 후 작업대를 선택합니다.

## 2. 작업대 선택하기

작업대는 작업 공간에서 가장 중요한 요소입니다. 부재를 고정해 작업할 때는 안정적인 작업대가 필요합니다. 작업대를 선택할 때는 편리함과 고정력, 공간 활용도를 고려해야 합니다.

1) 스푼 뮬: 스푼 카빙 전용 작

좌측 앞에서부터 휘틀링 보드, 스푼 뮬, 모탕

업대로 뮬(노새)처럼 머리, 몸통, 다리로 이루어져 있어서 걸터앉은 자세로 카빙을 할 수 있습니다. 스푼 뮬 머리에는 죠(물림턱)가 튀어나와 있는데, 죠에 부재를 놓고 다리를 걸면 부재가 단단하게 물립니다. 부재를 빠르고 간편하게 고정할 수 있어 작업이 편리합니다. 그러나 제작 단가가 높고 특수한 작업대이므로 구하기 어려운 단점이 있습니다.

2) 테이블+멀티앵글 바이스 조합: 바이스는 죠 사이에 물건을 물려 고정하는 도구입니다. 멀티앵글 바이스는 목물을 고정한 상태에서 볼 조인트로 작업 방향과 각도를 조절할 수 있습니다. 바이스는 공간을 절약하면서도 고정력이 강하고 여러 공정에 다양하게 활용할 수 있어 효율적입니다.

3) 테이블+클램프 조합: 클램프는 죠의 압착력으로 물건을 고정하는 도구입니다. C형 클램프는 크기 대비 압착력이 강하고 사용법이 직관적이며, 퀵 클램프는 빠르게 압착하고 해제할 수 있습니다. 여러 개의 클램프를 보조 도구로 구비하면 작업이 더 편리해집니다. 그러나 작업 방향 전환이 번거롭고 클램프를 물릴 수 없는 경우도 있습니다.

4) 우드카빙 작업판: 다양한 크기와 형태의 우드카빙 작업판은 후면에 받침목이 붙어 있어 부재를 밀리지 않게 합니다. 고급형은 홀다운 클램프를 추가해 부재를 눌러 고정력을 더해 줍니다. 밀어 깎기에는 적합하지만 당겨 깎을 때는 고정력이 부족하므로 바이스나 클램프를 함께 사용하면 좋습니다.

5) 휘틀링 보드: 야외에서 스푼 카빙을 할 때 바위나 벤치에 걸터앉아 작업할 수 있는 휴대용 작업대입니다. 보드에 걸린 밴드 사이에 목물을 두고 발로 눌러서 고정합니다.

6) 모탕: 도끼로 판재를 쪼개고 블랭크를 만들 때 필요한 작업대로 도끼질을 할

때 힘이 분산되어 판이 튀는 것을 방지하기 위해 크고 두꺼운 통나무로 만듭니다. 야외에서는 베어진 나무 둥치를 모탕처럼 활용할 수 있습니다.

위 작업대 종류에서 가장 활용도가 높은 것은 스푼 뮬입니다. 안전하고 편리한 작업이 가능하지만 여러 파트가 결합되어 있고 부피가 크기 때문에 제작 단가가 높고 공간을 많이 차지합니다. 반면 테이블 결합식 작업대는 공간 활용과 가격 면에서 효율적입니다. 한 가지 작업대만으론 작업 범위가 좁아지므로 여러 작업대를 조합해 사용하면 작업 범위가 확장되고 다양한 공정을 소화할 수 있습니다. 멀티앵글 바이스를 주 작업대로 사용하고 C형 클램프나 작업판을 추가하면 작업 범위가 넓어집니다.

### 3. 집에서 작업 환경 꾸미기

작업 공간과 작업대 선택에 따라 다양한 작업 환경을 만들 수 있습니다. 열쇠 공방은 선택에 대한 고민을 덜어 주지만 비용과 시간을 소모합니다. 반면 집은 익숙한 환경에서 여유 시간에 작업할 수 있는 장점이 있습니다. 우드카빙은 작은 공간과 간소한 도구로도 즐길 수 있는 취미이기 때문에 필요한 요소들을 잘 조합하면 집 안에서도 충분한 작업 환경을 마련할 수 있습니다. 서재나 취미 방을 작업 공간으로 꾸민다면 공간을 십분 활용해 작업 테이블과 스푼 뮬, 모탕을 두어 각 공정별로 작업대를 바꿔 가며 작업할 수 있습니다. 세팅을 바꿀 필요가 없기 때문에 작업을 중단했다가 이어서 할 때 준비 시간이 절약할 수 있습니다. 베란다나 방 한편을 활용한다면 책상(작업 테이블)을 중심으로 작업 환경을 꾸밉니다. 테이블 위에 멀티앵글 바이스를 설치하고 작업이 끝나면 쉽게 해체할 수 있습니다. 작업 도구는 전용 보관함에 정리해 안전하고 깔끔하게 관리합니다. 또한 나이프 그립, 도끼질처럼 스툴에 앉아 작업할 때는 양팔 벌린 정도의 여유 공간만 있으면 안정적인 자세로 작업할 수 있습니다.

> **\* 작업 환경을 개선할 수 있는 Tip**
> 1. 책상에 작업대를 설치하거나 모탕을 쓸 때 바닥에 요가 매트나 완충 패드를 깔면 소음과 진동을 줄여 줍니다.
> 2. 작업 도구는 거치대나 보관함을 사용해 안전하게 관리하고 작업 후에는 정리하여 다치지 않도록 합니다.
> 3. 작업 후에는 나무 가루와 나뭇밥을 청소합니다. 소량은 자연에 돌려주고, 많으면 캠핑용 불쏘시개로 쓰거나 화목 난로용 연료로 나눔해 재활용할 수 있습니다.

우드카빙은 목공 작업 중 작은 공간과 간소한 도구, 경제적인 예산으로 할 수 있는 작업입니다. 비싼 목공방이 아니어도 창의적이고 실용적인 작업 공간을 꾸밀 수 있습니다. 자신만의 작업 공간을 꾸미는 데서부터 우드카빙의 재미를 쌓아 갈 수 있길 바랍니다.

**펠릭스 우드 스튜디오의 첫 작업실**

### 4. 작업 도구 선택하기

작업실과 작업대가 준비되었으니 이제 하나씩 도구를 채워 볼 차례입니다. 처음부터 모든 장비를 갖출 필요는 없습니다. 기본적인 도구로 시작해 작업에 익숙해지고 만들고 싶은 목물이 많아지면 필요한 것들을 조금씩 더해 가는 편이 경

제적입니다. 책에 실린 도구 가운데는 시중 제품뿐 아니라 직접 만들거나 용도에 맞도록 개조한 것도 있습니다. 나무망치는 가지치기한 느티나무로 만들었고, 캠핑용 도끼는 날을 다시 세우고 자루를 바꿔 카빙용으로 손봤습니다. 이렇게 기존 도구를 내 작업 방식에 맞게 조정하는 일은 자연스럽고도 즐거운 과정입니다. 이 장에 나오는 도구들을 참고해 여러 브랜드 제품을 비교하고 내게 맞는 구성을 만들어 가시길 바랍니다. 초심자 추천 제품은 [대괄호]로 항목에 붙였습니다. 단출한 시작이더라도, 경험이 쌓이면 손에 익고 마음에 드는 도구들이 하나둘 늘어갈 것입니다.

### ▪ 카빙 도구

1) 카빙 나이프 [모라크니브 카빙나이프 #120, #106]: 외형을 깎는 칼로 블랭크 제작에서 표면 마무리까지 가능한 절삭 공구입니다. 그립 방법에 따라 목물을

깎아 내는 양과 섬세한 정도를 조절할 수 있습니다.

2) 스플리팅 나이프 [모라크니브 스플리팅 나이프]: 날 양쪽에 손잡이가 있어 두 손의 힘으로 많은 양의 나무를 깎을 때 유용한 칼입니다. 원래는 통나무를 작게 쪼개는(스플리팅) 용도이지만 날을 강한 힘으로 당겨서(드로우) 나무를 깎는 드로우 나이프와 동일한 용도로 사용할 수 있습니다. 스플리팅 나이프는 양날, 드로우 나이프는 외날로 날 모양이 다릅니다. 외날은 평평한 뒷날이 나무 면을 타고 들어가기 때문에 절삭각을 쉽게 찾을 수 있고 많은 양을 깎을 때 좋습니다. 반면 양날은 절삭각이 보다 예민하고 날이 나무를 파고드는 양이 외날에 비해 적습니다.

3) 스포크 쉐이브 [베리타스 미니어처 스포크 쉐이브]: 곡면을 가공할 때 쓰는 대패입니다. 칼과 달리 대패는 날물이 나무를 파고드는 양이 제한적이며 균일한 면을 반복적으로 만들 수 있기 때문에 표면 마무리에 많이 쓰입니다. 블랭크 표면 정리, 볼의 볼록한 뒷면을 만들 때 편리합니다.

4) 도끼 [헬코 손도끼]: 나무를 쪼개거나 블랭크를 만들 때 많은 양의 나무를 덜어 내는 데 사용합니다. 다른 날물에 비해 날이 크고 무겁기 때문에 날 무게와 결의 쪼개짐을 이용하면 빠르고 효율적으로 나무를 깎을 수 있습니다. 카빙 전용 도끼는 가격이 높은 편이어서 캠핑용 도끼를 개조해 활용하는 방법도 있습니다. 날을 저각으로 다시 세우고 자루를 짧게 바꾸면 세밀한 작업도 가능해 비교적 저렴하게 대체할 수 있습니다.

5) 실톱 / 등대기톱 [코끼리 만능톱 / 옥조 등대기톱]: 톱은 나무를 결 방향으로 켜거나 결 직각 방향으로 자를 때 쓰는 도구입니다. 실톱은 톱날이 가늘고 물림 방향을 조절할 수 있어서 판재에서 블랭크를 오려 낼 수 있습니다. 등대기톱은 톱날 등이 곧게 물려 있어 장부 제작 같은 정교한 작업에 사용합니다. 톱은 나

무를 삭제시키며 절삭하기 때문에 가는 톱밥이 발생하게 됩니다.

6) 환도 [천비 환도, 심환도, 곡천환도]: 오목하고 둥근면을 깎는 칼로 스푼의 볼을 깎거나 오목한 무늬를 만들 때 쓸 수 있습니다. 환도는 입술(날의 앞면에서 보았을 때 반원의 깊이)의 오목한 정도와 목이 구부러진 형태에 따라 분류할 수 있습니다. 환도 입술이 깊은 심환도는 패턴 카빙, 목이 굽고 잎술이 얇은 곡천환도는 볼 깊은 곳 마무리, 목이 곧은 환도는 깊이 만들기와 타격 작업에 적합합니다. 볼 크기의 1/3정도 크기 환도를 선택하면 적당합니다.

7) 삼각도 [천비 삼각도]: 날이 둥근 환도와 달리 날 2개가 만나 삼각형을 이루는 칼입니다. 두 날이 만나는 각도에 따라 45도, 60도, 90도 삼각도 등이 있습니다. 두 날물 끝이 예리하게 붙어 있어서 V자 그루브를 만드는데 이를 활용해 장식 무늬를 만들 수 있습니다.

8) 칩 카빙 나이프 [페일 칩 카빙 나이프]: 칼날을 60도 각도로 세워 일정 깊이로 깎은 후 반대편도 동일하게 깎아 주면 날로 베어 낸 나무 조각이 'chip!' 하고 떨어지는 데서 유래한 것이 칩 카빙입니다. 완성한 목물에 기하학적 무늬나 글씨를 새길 때 칩 카빙 나이프를 사용합니다. 칩 카빙을 잘 활용하면 목물에 다양한 장식 효과를 줄 수 있습니다.

9) 나무망치: 환도 타격, 도끼 쪼개기 작업 시에는 쇠망치보다 나무망치를 사용하는 것이 적합합니다. 나무망치는 머리 면적이 넓어 타격 시 힘이 날물에 고르게 전달되며, 나무 특유의 탄성으로 충격을 흡수합니다. 이로 인해 날물이 받는 부담이 줄고 손에 전해지는 진동과 반동도 감소해 작업자의 피로도를 낮춰 줍니다.

- **측정 도구**

1) 철직자 / 플라스틱 직자 150mm, 300mm: 목물의 치수를 재거나 도면을

그릴 때 사용합니다. 철직자는 변형이 적고 플라스틱 직자는 휘어지는 성질을 이용해 부재에 대고 선을 그릴 수 있습니다. 눈금이 가늘고 정확하게 표시된 것이 좋습니다.

2) 원형자, 운형자: 원, 타원, 곡형을 그리는 모양자입니다. 손 그림을 그릴 때 보조적인 역할을 하고 구멍을 뚫을 경우 원형자를 이용해 천공 크기를 미리 확인할 수 있습니다.

3) 컴퍼스 혹은 디바이더: 원형자에 없는 직경의 원을 그릴 때는 컴퍼스를 사용합니다. 디바이더는 컴퍼스와 모양과 사용법이 비슷한 측정 도구로 양 끝이 침으로 되어 있습니다. 침을 이용해 목물 표면에 눈금을 깊게 표시할 수 있고, 다리 폭을 고정해서 일정 간격을 복제할 수 있습니다.

4) 모눈종이: 목물 디자인을 할 때는 자유로운 구상으로 시작하는 것이 좋습니다. 아이디어를 손 그림으로 정리하고 나면 1:1 사이즈로 모눈종이에 옮겨 그립니다. 목물의 특징이 잘 보이는 윗면과 옆면 그림을 같이 그리면 그레인 맵으로도 활용할 수 있습니다. 모눈종이에 도면을 그리면 폭과 두께 치수 파악이 빠르게 되고 대칭 형태를 그릴 때도 편합니다.

5) 마스킹 테이프: 스푼 자루에 칩 카빙을 하려면 자루 면에 도안을 그려야 합니다. 나무 면에 바로 샤프로 그림을 그릴 경우 잘 지워지고 흑연이 나무에 묻어 오염될 수 있습니다. 도안을 옮기는 방법 중 하나는 마스킹 테이프를 칩 카빙할 면에 붙인 후 그 위에 그리는 것입니다. 마스킹 테이프를 붙일 땐 겹쳐지는 부분이 없도록 합니다.

- **마감용 도구**

1) 스펀지 사포 #240, #600: 깎는 작업을 마친 후 목물의 요철과 미세한 뜯김

을 사포로 문지르면 표면이 갈리면서 정리됩니다. 사포는 여러 분야에서 사용되기 때문에 종류가 다양한데, 오목한 면을 쉽게 샌딩하고, 마찰로 인해 연마재가 떨어져 나무에 박히지 않는 스펀지 사포가 우드카빙에 적합합니다. 사포는 거칠기에 따라 번호가 매겨집니다. 번호가 낮을수록 거칠고 높을수록 고운 사포입니다. 거친 #240사포로 요철면과 뜯김을 정리하고 #400 혹은 #600 사포로 추가 샌딩을 하면 촉감이 부드럽고 광택이 나는 표면을 얻을 수 있습니다.

2) 도마용 미네랄 오일, 컨디셔너: 마감하지 않은 목물이 지속적으로 수분에 노출이 되면 휨, 균열 등이 발생할 수 있습니다. 식기류는 물에 자주 닿고 마찰을 일으켜 세척하므로 관리가 쉬운 침투성 마감제를 사용합니다. 침투성 마감제는 도막을 생성하지 않기 때문에 왁스가 함유된 컨디셔로 추가 마감해 주면 방수성이 좋아집니다.

## ▪ 작업 복장과 기타 도구

우드카빙은 날카로운 날물을 다루는 작업의 연속이므로 안전을 위한 작업 복장을 갖추어 예상치 못한 사고를 예방해야 합니다. NBR 코팅 장갑은 손을 보호하고 그립력을 높여 줍니다. 앉아서 작업할 경우 날이 떨어지면 위험하므로 긴 바지를 입고 실내에서 작업할 때도 발등을 보호하는 실내화를 신는 것이 좋습니다. 앞치마는 나무 먼지나 마감제로 인한 오염을 막을 수 있습니다. 일부 작업에는 전동 드릴로 홀을 뚫는 공정이 있습니다. 드릴을 구매하기 어려운 경우에는 거주하는 주소지의 '행정복지센터(주민센터)'에서 대여할 수 있습니다.

# 모탕 만들기

〈작업 환경 꾸미기〉 챕터에서 '모탕'이라는 생소한 작업대를 접했을 것입니다. 모탕은 도끼로 카빙할 때 부재를 지지하고 날의 손상을 줄이는 역할을 하는 작업대입니다. 블랭크는 여러 방법으로 만들 수 있지만, 도끼로 만드는 것이 가장 효율적이기 때문에 이를 위한 작업대가 필요합니다. 모탕은 넓고 두꺼운 통나무를 그대로 쓰거나 작업 환경에 맞게 크기를 조정해서 만들 수 있습니다. 보통은 나무의 마구리면(결과 직각을 이루는 나이테 면)을 작업 면으로 사용합니다. 이 면은 날이 깊숙이 들어가지 않고 안정적으로 고정되며, 날이 상하지 않습니다. 시장에서 생선이나 고기를 손질할 때 쓰는 나무토막도 같은 원리를 활용한 것입니다.

### ▪ 모탕의 형태

- 모탕이 얇으면 도끼질에서 생기는 힘을 충분히 받아내지 못해 부재가 될 수 있습니다. 따라서 충격을 흡수할 수 있을 만큼 두꺼운 모탕을 사용하는 것이 유리합니다.

- 직경이 너무 작으면 쉽게 넘어지고, 너무 크면 무겁고 이동이 어렵습니다. 고정된 작업 공간에서는 직경 400mm 이상 통나무가 좋지만, 이동이 필요한 경우에는 직경 200~300mm 통나무에 다리를 달아 무게를 줄이고 옮기기 쉽게 만드는 것이 좋습니다.

- 모탕은 주로 앉아서 도끼질할 때 사용하므로, 사용하는 스툴의 높이에 맞춰 제작합니다. 전체 높이는 약 500mm 정도가 적당합니다.

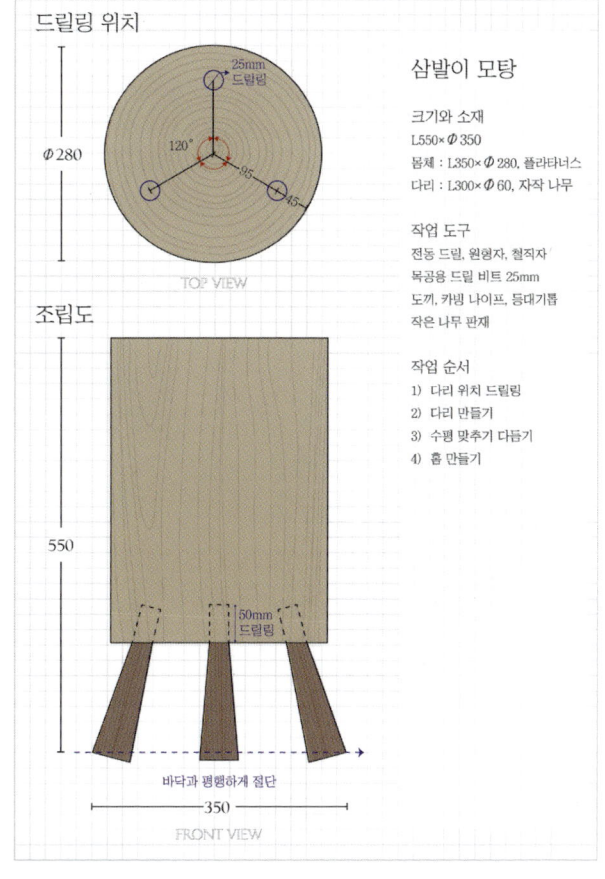

| 나무 둥치 그대로 사용하는 경우 | 길이 약 500mm × 직경 약 400mm 통나무 |
|---|---|
| 다리를 달아 제작하는 경우 | 길이 약 350mm × 직경 약 300mm 통나무 |

- 모탕용 통나무는 부피가 크고 무겁기 때문에 구매를 하는 것이 편리합니다. 다리용 나무는 동네 공원이나 작은 산에서 구하거나 모탕용 통나무와 함께 구매합니다.

## ▪ 작업 과정

### [STEP 1. 다리 위치 드릴링]

1) 모탕 마구리를 120도로 3등분하여 반지름에서 약 1/3 안쪽에 다리 위치를 표시합니다. 드릴-비트-3등분선이 일직선으로 이어지도록 정렬하고 바깥으로 약 15도 기울여 드릴링합니다.

2) 드릴링이 완료된 상태.

※ 드릴링은 2인 1조로 진행하는 것이 좋습니다. 한 사람이 통나무를 고정하고 날이 좌우로 기울어지지 않는지 확인합니다. 드릴링하는 사람은 정렬과 각도를 유지하며 드릴링합니다. 드릴링할 때 칩 배출이 잘 되도록 천천히 진행해야 안전합니다. 같은 방식으로 3개 구멍을 똑같이 뚫습니다.

### [STEP 2. 다리 만들기]

1) 다리용 나무의 한쪽 마구리에 지름 25mm 원과 길이 방향으로 50mm 선을 그려 촉의 형태를 표시합니다.

2) 촉은 다리 방향으로 갈수록 넓어지게 깎습니다. 촉이 끝나는 지점을 드릴링한 구멍보다 약간 크게 깎으면 접촉면에서 마찰력이 생겨 보다 단단하게 고정됩니다.

[STEP 3. 수평 맞추기]

1) 모탕 아랫면에 다리를 끼운 뒤, 망치로 두드려 단단히 고정합니다. 다리를 뺄 때는 다리를 잡고 모탕 몸체를 위에서 두드려 분리합니다.

2) 다리 밑에 쐐기를 놓아 윗면이 수평이 되도록 조정합니다.

3) 토막 위에 펜을 올려 다리 둘레를 따라 돌리며 바닥 기준선을 그립니다. 이 선은 바닥과 평행한 절단 기준선이 됩니다.

4) 모탕 몸체와 각 다리에 재조립용 위치를 표시한 뒤, 다리를 분리합니다.

5) 그린 선을 따라 톱질해 다리를 자릅니다. 바닥 기준선 앞쪽에서 톱질을 시작해 윗선을 따라 정확히 절단합니다.

6) 자른 다리를 다시 끼워 조립합니다.

7) 다리가 바닥에 평평하게 잘 놓이고, 윗면 수평이 잘 맞는지 확인합니다.

8) 다리를 모두 끼운 최종 조립 상태

[STEP 4. 홈 만들기]

1) 모탕 윗면에 약 5mm로 얕은 홈을 드릴링해 만듭니다.

2) 이 홈에 부재 모서리를 걸면, 도끼질할 때 안정적으로 지지할 수 있습니다.

# 스푼 디자인하기

목재와 도구를 준비했다면 어떤 목물을 만들지 디자인할 차례입니다. 처음에는 자유롭게 형태를 그리며 시작합니다. 스푼 카빙의 장점 중 하나는 디자인이 비교적 쉽다는 것입니다. 스푼이나 스파튤라는 음식을 뜨고 젓는 '볼'과 '자루'로 구성됩니다. 버터나이프는 잼을 뜨는 '날'과 '자루'가 필요하겠지요. 전체 형태를 한 번에 그리기 어렵다면 볼, 자루, 날을 기능에 맞게 각각 그리고 이를 조합해 여러 디자인을 만들어 볼 수 있습니다. 금속이나 플라스틱 같은 다른 소재로 만들어진 기물을 나무로 옮겨 디자인해 보는 것도 흥미로운 결과물을 만들어 내는 좋은 방법입니다.

자유롭게 스케치한 후에는 실제 크기를 가늠하기 위해 모눈종이에 1:1 비율로 도면을 그립니다. 도면은 작업의 길잡이가 될 뿐 아니라 블랭크 제작과 그레인 맵 작성에서도 중요한 역할을 합니다. 도면은 목물의 형태가 잘 보이는 탑 뷰(위에서 본 그림)와 사이드 뷰(옆에서 본 그림)를 기본으로 그리고 필요하다면 꼭지 장식이나 세부 표현도 그려 두면 좋습니다.

## • 나무 스푼 디자인 시 고려할 점

1. 결 방향 맞추기: 스푼은 세로로 긴 형태이므로 결 방향과 스푼의 길이 방향을 맞추어야 합니다. 관다발이 길고 넓게 붙어 있을수록 강도가 높아져 튼튼한 스푼을 만들 수 있습니다. 결을 잘못 배열하면 목이나 볼 테두리처럼 얇은 부위가 약해질 수 있습니다. 따라서 자투리 목재를 사용할 때는 결 방향을 꼭 확인해야 합니다.

 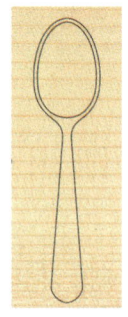 

결 방향으로 배열하면 관다발 결합 면적이 넓어져 목과 볼 테두리처럼 얇은 부분도 충분히 튼튼합니다.

결 직각 방향으로 배열하면 관다발 결합 면적이 좁아져 스푼 목이나 볼처럼 폭이 좁은 부분이 약합니다.

결 사선 방향으로 배열하면 강도가 약할 뿐 아니라 제결로 작업도 어렵습니다.

2. 강도 보상하기: 스푼을 사용할 때 가장 힘을 많이 받는 부위는 목 부분입니다. 금속 스푼은 목 부분을 좁고 얇게 만들어도 충분히 튼튼하지만 나무 스푼은 부피를 지나치게 줄이면 부러질 수 있습니다. 따라서 스푼을 위에서 봤을 때 목이 가늘어 보이도록 디자인하되 옆에서 봤을 때는 충분한 두께를 주어 강도를 확보합니다.

1) 스푼을 위에서 보았을 때 목의 폭을 줄여 가늘게 만들면 가볍고 섬세한 느낌을 줄 수 있습니다.

2) 대신 옆에서 봤을 때 목을 두껍고 튼튼하게 만듭니다.

# 작업 공정 세우기

도면 수정이 끝나면 작업 공정을 세웁니다. 스푼 카빙은 일반적으로 '디자인 → 도면화 및 공정 수립 → 블랭크 제작 → 카빙 → 샌딩 → 마감' 순서로 진행됩니다. 블랭크 제작과 카빙 단계에서 나무를 깎아 내야 하므로, 나무를 어떻게 고정하고 어떤 도구로 깎을지에 따라 작업 순서가 달라질 수 있습니다.

가령 스프 스푼을 만들 경우, 고정 방식을 다르게 하면 '판재에서 볼 안을 파고 외형을 만든다'와 '블랭크를 제작해 외형을 먼저 만들고 볼 안을 판다'로 작업 순서를 나눌 수 있습니다. 작업 환경에 따라 순서에 약간의 차이는 있지만, 보통 작업대에 블랭크를 고정해 작업하는 단계를 먼저 진행하고 고정 장치 없이 손에 들고 깎는 작업을 나중에 합니다. 카빙이 끝나면 샌딩과 결오름 작업을 통해 표면을 정리하고 마감을 합니다.

### ▪ 스푼 카빙 순서

| 아이디어 스케치 | 제작할 목물을 자유롭게 스케치하기. |
|---|---|
| 도면 그리기 | 1:1 비율로 도면을 그리고 문제점 보완하기. |
| 작업 공정 세우기 | 도구, 고정법에 따라 작업 순서 정하기. |
| 블랭크 만들기 | 준비한 목재로 블랭크(기본 부재) 만들기. |
| 카빙하기 | 작업 도구로 블랭크를 깎아서 형태 만들기. |
| 샌딩하기 | 카빙한 목물 표면을 사포질로 정리하기. |
| 마감하기 | 사용 용도, 수종 특성에 따라 마감하기. |

# 블랭크 만들기

블랭크는 목물을 만들기 위한 기본 부재입니다. 1:1 도면에서 그린 탑 뷰와 사이드 뷰를 목재에 옮겨 블랭크를 제작하는 것부터 본격적인 카빙이 시작됩니다. 목공방에서는 판재에 탑 뷰 도면을 그린 후 띠톱이란 기계로 빠르게 오려 내 블랭크를 제작하지만, 띠톱이 없는 환경에서도 충분히 블랭크를 만들 수 있습니다.

- **블랭크를 만드는 방법**

 1) 실톱으로 오리기: 선을 따라 직접 톱질해 오려 냅니다. 실톱 한 가지로도 제작이 가능하지만, 톱질이 익숙하지 않은 경우 두께 25mm 이상의 판재를 다루기 어렵고 미세한 톱밥이 많이 발생합니다.

 2) 타격과 스포크 쉐이브로 만들기: 부재를 러프하게 잘라 낸 뒤 평도를 망치로 타격해 살을 털어 냅니다. 곡선부는 스포크 쉐이브로 마무리합니다. 공정이 다소 복잡하고 소음과 진동이 발생하므로, 이를 줄이기 위한 대책도 함께 필요합니다.

 3) 도끼로 만들기: 도끼는 날이 무겁기 때문에 큰 힘을 들이지 않고도 결을 따라 효과적으로 절삭할 수 있습니다. 별도의 고정 없이 지지한 채 작업할 수 있어 방향 전환도 빠릅니다. 전체 형태의 약 80%를 도끼로 작업하고, 카빙 나이프로 세부 형태를 다듬습니다.

4) 블랭크를 구입해 다듬기: 스푼 카빙용 블랭크는 용도에 따라 제작되어 있으므로 내 디자인과 비슷한 블랭크를 구입해 외형만 다듬어 사용하는 것도 좋은 방법입니다. 톱질이나 타격 없이 곧바로 형태 다듬기부터 시작할 수 있습니다.

## ▪ 톱질과 도끼질의 차이

두 방식은 나무 섬유질을 분리하는 방식이 다릅니다.
- 톱질은 섬유질을 끊어 내는 방식으로 완전히 분리될 때까지 일정한 힘을 계속 줘야 합니다.
- 도끼질은 결을 따라 쪼개고 베어 내기 때문에, 일정 지점을 지나면 섬유질이 스스로 분리되어 힘이 덜 듭니다.

얇은 판재라면 톱질로 전체를 잘라 내는 것이 수월하지만, 두께가 20mm 이상인 판재는 도끼를 활용하면 작업 효율이 훨씬 좋아집니다. 도끼는 한 번에 깊이 절삭하기보다는 점진적으로 깎아 내기 때문에 쪼개짐을 활용해 빠르게 블랭크를 만들 수 있습니다. 톱질과 도끼질을 함께 사용하면 재료 손실을 줄이고 적절한 힘으로 블랭크를 제작할 수 있습니다. 이어지는 내용에서는 블랭크 제작에 앞서, 도끼와 실톱을 어떻게 사용하는지에 대해 알아보겠습니다.

## ▪ 도끼로 블랭크 만들기

### 1. 도끼 사용 시 주의 사항

1) 날 무게를 이용한 절삭: 도끼는 날 자체의 무게와 중력을 활용해 많은 힘을 들이지 않고도 나무를 깎을 수 있습니다. 빠르게 휘두르기보다는 느리더라도 정확한 위치에 도끼가 떨어지도록 연습합니다.

2) 부재를 잡은 손의 위치 주의: 작업 중 손과 도끼날 사이가 너무 가까워지면 위험합니다. 날이 손을 스치지 않도록 손의 위치를 조절하면서 부재를 지지합니다.

3) 날 머리와 자루 상태 점검: 도끼는 날, 자루, 그리고 날을 고정하는 쐐기로 구성됩니다. 사용 중 진동이나 수축으로 쐐기가 느슨해지면 날이 헐거워질 수 있습니다. 날이 빠지지 않도록 자루와 날 머리를 주기적으로 확인합니다.

4) 습기와 녹 방지 관리: 생나무를 깎은 뒤에는 날에 수분과 톱밥이 남아 있을 수 있습니다. 마른 천으로 날을 닦아 낸 뒤 방청윤활제를 발라 녹슬지 않도록 관리합니다.

## 2. 도끼질의 원리와 자세(오른손잡이 기준)

**[앉은 자세와 부재 지지 자세]**

1) 모탕은 다리 사이에 두고, 왼쪽 다리로 움직이지 않도록 지지합니다. 오른쪽 옆구리는 도끼질 할 때 걸리지 않도록 공간을 비워 둡니다. 양팔은 몸통에 붙여 팔꿈치를 축으로 삼아 팔을 움직입니다.

2) 자세가 안정되었다면, 도끼날이 닿는 위치를 항상 염두에 두고 왼손이 다치지 않도록 하면서도 부재를 단단히 지지할 수 있는 지점을 잡습니다. 도끼질하는 내내 왼손의 위치를 점검하며 안전하게 작업합니다.

**[도끼와 부재 간 각도]**

도끼와 부재 간 각도 조절은 도끼를 고정한 상태에서 부재를 세우거나 기울여 조절합니다. 먼저 손이 편안하고 깎는 면이 잘 보이도록 도끼의 위치와 각도를 정한 뒤, 그에 맞춰 부재의 각도를 맞추며 작업합니다.

**[도끼 그립법]**

도끼는 자루 끝을 잡을수록 힘은 세지지만 감각이 둔해지고, 날 가까이 잡을수록 힘은 약하지만 조절이 섬세해집니다. 블랭크 작업에서는 나무를 쪼개기보다 베어 내는 동작이 많기 때문에 날을 가까이 잡고 작업하는 것이 일반적입니다.

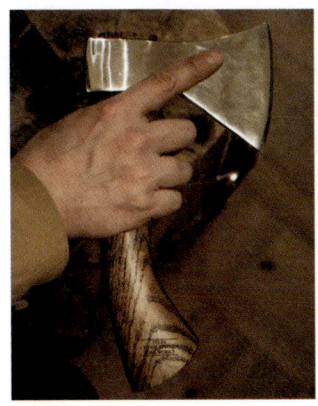

1) 베어 내기
날로 나무의 살을 절삭하는 그립입니다. 나무를 찍어 내기보다는 베듯이 절삭하는 것이 핵심입니다.
- 도끼날에서 20mm 아래 자루를 잡고, 오른손 검지를 날 바깥에 댑니다. 도끼날은 앞에서 안쪽으로 사선을 그리며 비스듬히 들어갑니다. 최종 외형선에서 약 3mm 바깥까지 형태를 잡고, 세부 정리는 다른 도구로 마무리합니다.

2) 저미기

베어 내기로 만든 면을 판판하게 다듬는 그립입니다.

- 오른손 검지를 날 바깥면에 대고 나머지 손가락은 날 아래쪽 자루를 바짝 잡습니다. 도끼의 움직임을 제한해 면을 눌러 밀듯이 절삭합니다. 이때도 도끼날은 앞으로 밀며 베듯이 움직이는 것이 효과적입니다. 저미기는 소량의 나무를 섬세하게 절삭하는 마무리 단계에서 사용합니다.

베어 내기 동작        저미기 동작

[깎는 양 조절]

면을 넓게 만들 때는 한 번에 많이 깎지 말고 작은 면적으로 나누어 작업해야 합니다. 절삭면을 조절하면 힘 조절도 쉬워지고 더 안정적으로 작업할 수 있습니다.

1) 먼저 양쪽 모서리를 깎아 내어, 가운데에 좁은 모서리를 새로 만듭니다

2) 그런 다음, 가운데 생성된 좁은 모서리를 쳐서 절삭 면적을 점차 줄이며 형태를 다듬습니다.

## ▪ 실톱으로 블랭크 만들기

### 1. 실톱 사용 시 주의 사항

1) 톱날 관리하기: 실톱은 날이 얇고 유연해 휘어지기 쉽고, 손상되면 수리가 어렵고 새 날로 교체해야 합니다. 사용하거나 보관할 때 톱날이 휘지 않도록 주의합니다. 휘어진 날을 계속 쓰면 절삭 방향이 어긋날 수 있습니다.

2) 톱밥 정리하기: 톱질 중에는 미세한 톱밥이 많이 생깁니다. 작업이 끝난 뒤 주변을 깨끗이 정리합니다.

### 2. 실톱질의 원리와 자세

[실톱의 구조]

1) 실톱은 톱대가 'ㄷ'자 형태로 깊게 굽어 있어 판재 깊은 곳까지 톱질할 수 있는 구조입니다.

2) 판재가 톱대 깊이까지 닿아 더 이상 톱질이 진행되지 않을 경우, 톱대 양쪽 고정 핀을 돌려 톱날 방향을 회전시킨 후 톱질을 이어 갑니다.

[톱질하기]

1) 톱질을 하면 진동이 발생하므로, 작업 전에 클램프로 판재를 고정합니다. 작업 위치를 바꿀 때마다 고정 위치도 함께 조절합니다.

2) 선을 바로 따지 않고, 먼저 톱길을 내는 것부터 시작합니다.

3) 왼손 엄지로 톱날을 가볍게 받치고, 판재 아래에서 위쪽 도면 선까지 천천히 톱질해 톱길을 냅니다.

4) 톱길 내기를 마친 상태. 톱길에서부터 톱질을 시작합니다.

5) 톱길에서 도면 선을 따라 톱질을 시작합니다. 톱자루를 양손으로 잡고 당길 때 힘을 주며 톱질하고, 톱날과 그려진 선이 일직선이 되도록 유지합니다. 톱대가 걸리는 경우, 양쪽 고정 핀을 돌려 톱날 방향을 조절합니다.

6) 톱을 뒤로 뺄 때도 톱질하듯 부드럽게 움직이며 빼 줍니다.

7) 반대쪽에서도 톱길을 내고 톱질을 합니다. 양쪽에서 잘려 들어간 부분이 만나도록 톱질을 이어 갑니다.

8) 실톱질이 완료된 상태.

블랭크는 본 작업을 위한 사전 작업입니다. 이 과정에서 에너지를 절약하면 본 작업에 더 집중할 수 있습니다. 실습 단계에서는 도끼로 블랭크를 만드는 방법과 실톱으로 오리는 방법을 중심으로 진행합니다. 두 방법은 함께 사용할 수도 있으며, 각 목물마다 적합한 블랭크 제작 방식을 실습편에 수록하였습니다. 배운 내용을 바탕으로, 이제 실전 목물 제작을 단계별로 따라가 보겠습니다.

제3장

# 우드카빙 작품 만들기

# 커리큘럼 살펴보기

　차례대로 준비 과정을 따라온 독자 여러분, 고생 많으셨습니다. 이제 마음이 설레고 호기심이 가득하다면 우드카빙을 시작하기에 딱 좋은 상태입니다. 실습편에서는 총 7개의 목물을 만듭니다. 간단한 버터나이프부터 정교하고 섬세한 칩 카빙까지, 장을 넘길 때마다 새로운 작업 목표를 세우고 실습이 이어집니다. 작업에 사용하는 도구와 소재는 개인 작업 환경에 따라 조정해도 무방합니다.

　크기 단위는 mm로 길이×폭×두께(t)로 기재하였습니다. 작업 과정은 사진과 설명을 함께 수록하였고, 중간중간 팁을 더해 흐름대로 따라가기 쉽게 구성하였습니다.

　각 장 마지막에는 '작업 돌아보기' 코너를 두어 작업 중 놓치기 쉬운 포인트나 중요 과정을 추가로 설명하였습니다. 사진에서는 손의 모양이 잘 보이도록 맨손으로 작업을 했지만, 실제 작업 시에는 안전을 위해 장갑 착용을 권장합니다. 또한 제작 과정 설명과 디자인은 오른손잡이 기준으로 작성되었으니 참고 바랍니다.

## ▪ 목재 면의 명칭과 방향

### 1. 판재의 결 방향과 결 직각 방향
: 나뭇결이 길게 이어지는 방향은 결 방향, 그에 수직인 방향을 결 직각 방향이라고 합니다.

### 2. 길이 / 폭 / 두께
: 판재의 크기를 표기할 때는 길이×폭×두께 순으로 작성하며, 단위는 mm를 사용합니다. 두께는 t(thickness)로 표기하며, 1t는 1mm를 의미합니다.

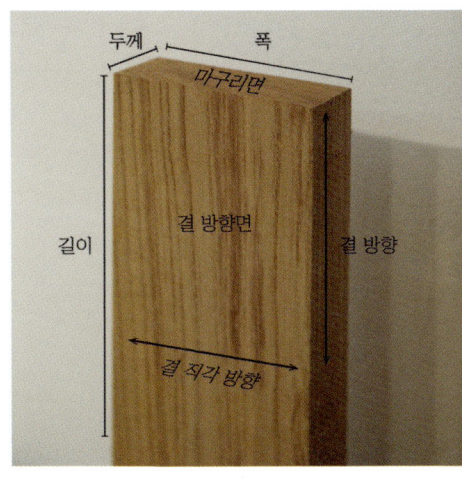

### 3. 결 방향 면과 마구리면
: 판재의 길이 방향을 따라 결이 드러난 면을 결 방향 면, 그 결을 직각으로 자른 단면을 마구리면(end grain)이라고 합니다. 결 방향 면은 제재 방식에 따라 무늬결(flat grain), 정목결(quater grain) 등으로 세분화할 수 있지만, 이 책에서는 구분 없이 결 방향 면으로 설명하겠습니다. 마구리면은 목재의 길이 방향 양 끝단에 해당하며, 이후 작업 설명에서도 블랭크의 양 끝을 마구리면으로 지칭하겠습니다.

## ▪ 목물 각부 명칭

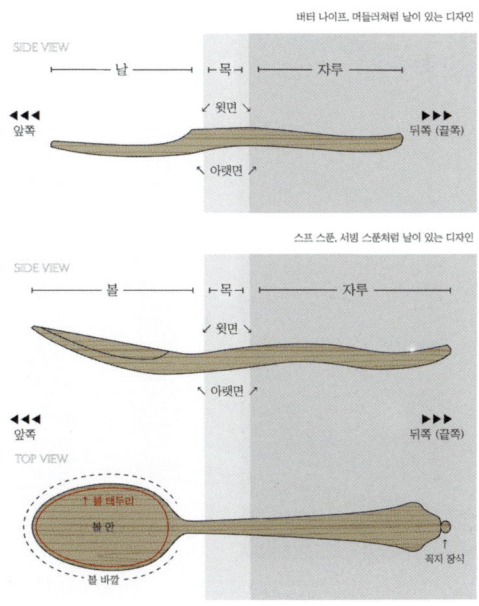

# 매직 완드

매직 완드는 12가지 나이프 그립과 날물 사용하는 연습을 하기 좋은 과제입니다. 조금 복잡해 보이지만, 차근차근 한 단계 한 단계 따라오다 보면 기초를 탄탄하게 다질 수 있습니다. 이 책의 마지막 커리큘럼까지 마친 후에는 다시 꺼내서 개성 있게 커스텀해 볼 수도 있습니다.

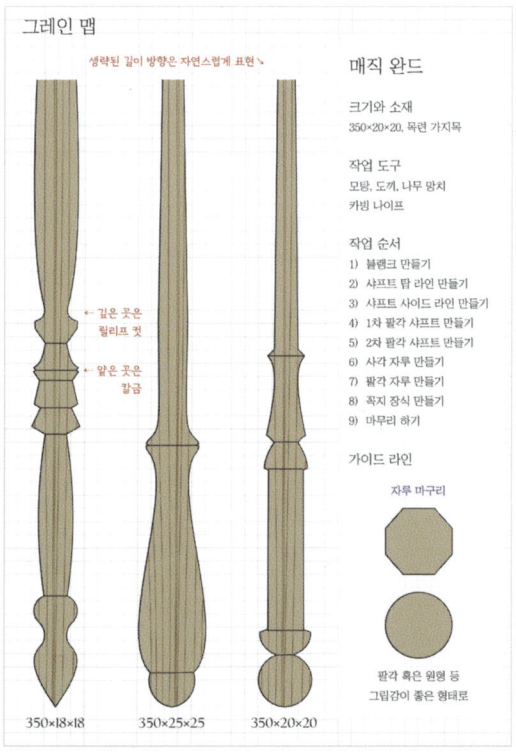

## ▪ 12가지 나이프 그립*

　우드카빙의 출발점인 나이프 그립은 많은 양의 나무를 깎아 낼 때부터, 표면 마무리와 세부 표현까지 다양한 작업에 두루 쓰이는 기술입니다. 나이프 그립을 잘 익히면 날의 작용 원리를 이해하게 되어 환도나 도끼처럼 다른 도구도 자연스럽게 다룰 수 있게 됩니다. 연습을 많이 할수록 그립이 쉬워지고 익숙해지지만, '무언가 만들지 않는 연습'은 금세 지루해질 수 있습니다. 그래서 우리는 지금부터 '매직 완드'를 만들며 나이프 그립의 기초를 익혀 볼 겁니다. 매직 완드는 대단한 작품은 아니지만, 손 쓰는 즐거움, 보는 재미가 있는 목물입니다. 무엇보다 부담 없이 시작할 수 있어 처음 도구를 익히기에 좋은 연습 대상이 됩니다.

　이제부터 소개하는 각 그립은 칼을 잡는 방법, 부재를 지지하는 방법, 몸을 보호하면서 움직이는 방법으로 구성되며 이 세 요소가 조화를 이룰 때 정확하고 안전하게 나이프를 다룰 수 있습니다. 이번 순서에서는 먼저 12가지 그립을 하나씩 따라해 보고, 이를 바탕으로 다음 차례에서 매직 완드를 직접 만들어 보겠습니다.

---

*  이번 장에 실린 나이프 그립법은 『스웨덴 슬뢰이드 장인의 그린 우드카빙』에 실린 「슬뢰이드를 위한 다양한 나이프 그립」을 바탕으로, 직접 작업하면서 보다 안전하고 유용한 방식으로 재구성하였습니다. 또한, 모라크니브사의 유튜브 채널 ⟨Morakniv Swedish Knife Grip Session⟩에서도 그립법에 관한 시각 자료를 참고하실 수 있습니다.

[Grip 1. 엘보 그립: 힘 ★★★ | 섬세함 ★ | 활용도 ★]

오른 손등이 보이도록 칼을 쥐고, 칼날 가까이까지 깊게 움켜 잡습니다. 칼날은 항상 몸 바깥쪽으로 향하게 하고 양팔과 팔꿈치는 몸통에 붙입니다. 부재는 왼손으로 중간을 잡아 무릎 위에 올리고 깎을 부분은 무릎 바깥쪽으로 둡니다. 이때 날 끝은 몸을 향해 비스듬히 기울이고 날이 뜨지 않도록 날 면 전체를 부재에 밀착시킨 채 오른팔 팔꿈치를 펴면서 날을 앞으로 밀어 절삭합니다. 엘보 그립은 팔꿈치의 큰 힘을 활용해 많은 양의 나무를 곧게 베어 내기에 적합한 그립입니다.

[Grip 2. 스큐 그립: 힘 ★★ | 섬세함 ★★ | 활용도 ★★]

엘보 그립과 반대로 오른손 바닥이 보이도록 칼을 쥡니다. 칼날은 항상 몸 바깥쪽으로 향하도록 하고 부재는 무릎 위에 올려 고정합니다. 날 끝은 몸을 향해 비스듬히 기울이고 오른손 바닥 안쪽이 부재에 밀착되도록 합니다. 오른 팔뚝을 몸통에 붙이고 팔꿈치를 앞으로 밀면서 칼을 움직여 나무를 베어 냅니다. 스큐 그립은 힘이 있으면서도 부재의 표면을 넓고 매끈하게 정리할 때 적합합니다. 특히 블랭크의 넓은 면을 다듬을 때 유용합니다.

**[Grip 3. 파워 그립: 힘 ★★★ | 섬세함 ★ | 활용도 ★★]**

오른 손등이 보이도록 칼자루를 움켜쥡니다. 칼날은 몸 바깥쪽을 향하도록 하고, 부재는 양다리 사이에 위치시킵니다. 날 끝을 몸 쪽으로 비스듬히 기울이고 오른팔을 곧게 펴서 수직으로 칼을 밀어 베어 냅니다. 팔을 구부리지 않고 뻣뻣하게 편 채로 미는 동작이기 때문에 팔과 어깨, 등까지 함께 힘을 쓰게 되어 절삭력이 매우 강한 그립입니다.

※ **모탕 위에서 파워 그립을 할 경우:** 모탕 앞에 다리를 벌리고 선 뒤, 부재를 모탕 가장자리에 지지해 손이 모탕에 부딪히지 않도록 위치를 조절합니다. 칼은 팔을 곧게 편 채로 몸무게와 상체의 힘을 수직으로 실어 부재를 밀어 냅니다.

**[Grip 4. 니 그립: 힘 ★★★ | 섬세함 ★★ | 활용도 ★★★]**

오른 손등이 보이도록 칼자루를 움켜쥡니다. 칼날은 몸 바깥쪽을 향하도록 하고, 오른손 엄지 쪽 손바닥 근육을 오른쪽 무릎 안쪽 오목한 곳에 대어 고정합니다. 칼날과 부재가 크게 X자를 이루도록 부재를 날 아래 걸쳐 줍니다. 오른팔은 움직이지 않게 고정하고 왼손으로 부재를 몸 쪽으로 당기며 나무를 베어 냅니다. 니 그립은 날이 몸 바깥을 향해 고정되어 있어 안전하며 카빙 작업에서 널리 사용되는 대표적인 그립법입니다.

※ **오른손 엄지 위치를 변경한 응용 그립:** 칼자루 아래 감싼 엄지를 자루 위로 올려 잡으면, 칼등이 무릎에 더 가까워지고 칼을 바싹 쥘 수 있어 힘 조절이 쉬워집니다. 섬세한 작업을 할 때 유용한 방식입니다.

**[Grip 5. 시저 그립: 힘 ★★ ｜ 섬세함 ★★ ｜ 활용도 ★★]**

오른손 바닥이 보이도록 칼을 쥐고 칼날은 항상 몸 바깥쪽을 향하도록 합니다. 왼손 바닥도 보이도록 부재를 잡고 칼과 부재가 X자를 이루도록 가슴 앞에 위치시킵니다. 양팔은 팔뚝이 몸통에 밀착되도록 고정합니다. 동작을 시작할 때는 어깨를 굽혀 칼, 부재, 몸이 서로 가까워지도록 합니다. 그 상태에서 가슴을 앞으로 밀어 내며 어깨를 펴면 양손이 사선으로 벌어지며 칼날이 나무를 베어 냅니다. 팔이 몸통에 붙어 있기 때문에 칼이 과도하게 벌어지지 않도록 제어해 주는 효과도 있습니다. 몸의 동작과 칼날의 베어 냄이 잘 맞도록 연습하면 빠르고 효율적으로 많은 양을 절삭할 수 있는 그립입니다.

[Grip 6. 시저 위드 섬 푸시: 힘 ★★ | 섬세함 ★★ | 활용도 ★★★]

이 그립은 시저 그립과 손의 위치는 같지만 왼손 엄지를 칼등에 대고 앞으로 밀어 내는 동작이 더해집니다. 칼과 부재가 서로 떨어지지 않고 작은 범위 안에서 칼을 정밀하게 밀어 절삭합니다. 칼날이 멀리 가지 않기 때문에 오목한 부분이나 미세한 표현 작업에 적합합니다.

[Grip 7. 섬 그립: 힘 ★★ | 섬세함 ★★★ | 활용도 ★★★]

오른 손등이 보이도록 칼을 잡고 칼날은 몸 바깥쪽을 향하게, 부재는 무릎 위에 위치 시킵니다. 이 기본 자세에서 칼을 움직이는 방향에 따라 세 가지 섬 그립을 할 수 있습니다.

**– 표면 정리에 적합한 섬 그립:** 칼등에 왼손 엄지를 대고 날 끝에서 부재 중간 방향으로 부재를 비스듬히 밀어 냅니다. 작업 면을 정리하거나 표면을 얇게 다듬는 데 적합한 그립입니다.

**- 강한 회전력을 이용한 섬 그립:** 오른손 엄지를 자루와 날의 연결부 아래로 말아 잡고 왼손 엄지를 자루 위쪽에 대어 회전의 축으로 삼습니다. 칼을 몸 안쪽에서 바깥 방향으로 호를 그리며 회전시키며 절삭합니다. 이때는 오른팔 팔꿈치를 몸에서 떼었다가 붙이며 강한 회전력을 만들어 냅니다. 힘 있는 절삭이 필요할 때 사용됩니다.

  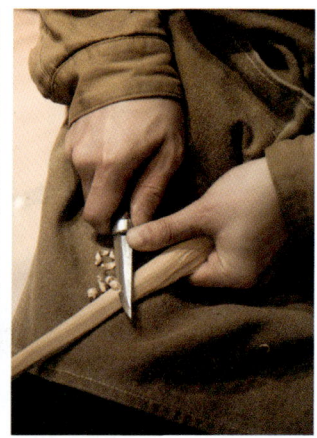

**- 회전력을 섬세하게 조절하기:** 앞선 동작에서 오른손 엄지를 칼등에 대면 회전하면서 발생하는 강한 힘을 보다 세밀하게 조절할 수 있습니다. 섬세한 정리에 유용한 방식입니다.

※ 섬 그립은 연필을 깎는 방식과 유사해서 가장 익숙한 그립이지만, 절삭 시 칼날이 부재에 직각으로 닿지 않고 비스듬히 베어 내야 깔끔한 결과를 얻을 수 있습니다.

[Grip 8. 풀 그립: 힘 ★★  |  섬세함 ★★  |  활용도: ★★]

칼날은 몸 쪽을 향하도록 세우고 날 끝은 뒤로 눕혀 기울인 상태로 칼을 쥡니다. 부재의 한쪽 끝은 왼손으로 잡고 반대쪽은 가슴 중앙에 지지합니다. 오른손 엄지 아래쪽 근육을 부재에 밀착시킨 뒤 칼날을 부재에 대고 눌러 몸 쪽으로 천천히 당겨 절삭합니다. 이때 팔이 몸통에서 떨어지지 않도록 부재를 칼 방향으로 약간 숙이고 칼을 당기면 안정적으로 작업할 수 있습니다. 칼날은 몸 쪽으로 움직이지만 날 끝이 항상 몸 바깥을 향하고, 손이 몸에 닿으면 자연스럽게 동작이 멈추기 때문에 안전하고 길게 칼질할 수 있는 그립입니다.

[Grip 9. 가이디드 풀 그립: 힘 ★★  |  섬세함 ★★★  |  활용도 ★★★]

풀 그립의 변형으로 왼손 엄지로 부재 끝을 지지하고 나머지 손가락으로는 오른손이나 칼등을 함께 감싸 잡아 칼을 당깁니다. 부재의 중간을 깎을 때는 왼손 바닥으로 부재를 받쳐 안정적으로 지지합니다. 이 그립은 왼손이 오른손에 힘과 방향을 더해 주는 방식으로 형태를 잡는 단계부터 마무리 작업까지 폭넓게 사용할 수 있는 유용한 그립입니다.

### [Grip 10. 캔 오프너 그립: 힘 ★★★ | 섬세함 ★★ | 활용도 ★★]

칼날은 몸 쪽을 향하도록 세우고 자루를 손가락 첫 마디에 올린 뒤 손가락을 말아 쥡니다. 이 때 오른손은 칼날 가까운 쪽을 잡는 것이 중요합니다. 부재는 왼손으로 끝을 잡고, 반대쪽을 몸통에 지지합니다. 오른손 엄지는 부재 길이 방향과 직각이 되도록 세워 중심축 역할을 합니다. 칼날은 날 끝에서 날 뿌리 방향으로 호를 그리며 솟아오르듯 절삭합니다. 오른손 검지가 부재 아래쪽에 닿으면 동작이 멈추게 되므로 검지로 당기지 않고, 반드시 날이 부드럽게 호를 그리며 움직이도록 합니다. 이때 칼날의 저항을 버티는 엄지의 힘과 어깨와 팔꿈치가 만들어내는 회전 동작이 함께 작용하여 힘 있는 절삭이 가능합니다. 그려진 외형선을 따라 한 번에 다듬을 때 적합한 그립입니다.

### [Grip 11. 섬 스큐 그립: 힘 ★ | 섬세함 ★★★ | 활용도 ★★]

 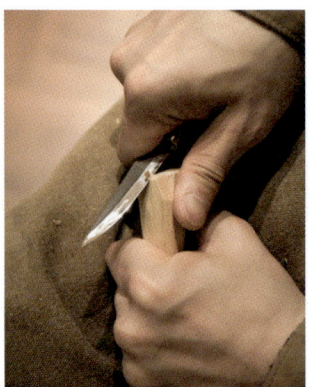 

섬 스큐 그립은 마구리면 모따기 작업에 주로 쓰입니다. 칼날은 몸 쪽을 향하도록 세우고 자루를 손가락 첫 마디에 올린 뒤 손가락을 말아 쥡니다. 왼손으로 부재를 잡고 오른손 엄지는 칼날이 들어왔을 때 다치지 않도록 부재 뒤쪽에 지지를 해 둡니다. 칼날을 부재의 마구리면 모서리에 45도로 세운 상태에서 오른손 엄지로 부재를 살짝 밀어 내며, 동시에 칼을 움켜쥐 듯 잡아당기면 절삭이 시작됩니다. 날은 뿌리 중간 방향으로 사선을 그리며 부재를 베어 냅니다. 칼질을 더 길고 부드럽게 하려면 칼을 당기는 동작에 맞춰 오른팔을 뒤로 함께 움직여 힘을 더합니다.

### [Grip 12. 크로스드 섬 그립: 힘 ★ | 섬세함 ★★★ | 활용도 ★★]

크로스드 섬 그립은 제결 경계를 마무리하거나 꼭지 장식을 만들 수 있는 섬세한 그립입니다. 부재는 무릎 위에 지지하고 작업합니다.

**- 제결 경계 마무리용 당겨 깎기:** 칼날은 몸 쪽을 향하도록 세우고 자루를 손가락 첫 마디에 놓고 감싸 쥡니다. 오른손 엄지는 부재에 지지하고 왼손 엄지는 칼등이나 턱 부분에 대어 손과 칼날 사이에 거리를 만듭니다. 오른팔 팔꿈치를 몸에서 붙였다가 떼는 회전 동작을 이용해 칼을 부재에 밀어 넣고 몸 쪽으로 당기며 절삭합니다. 한 방향으로 제결을 따라 깎다가 방향을 바꾸어야 할 경우에는 칼을 손안에서 굴려 날이 몸 바깥으로 향하게 고쳐 쥐고 섬 그립으로 전환하여 밀어서 깎습니다.

**– 꼭지 장식을 만드는 밀어 깎기와 당겨 깎기:** 칼날을 몸 쪽을 향하도록 세우고 자루를 손가락 첫 마디에 올려 감싸 쥡니다. 오른손 엄지는 부재에 지지하고 왼손 엄지를 칼등 위에 펴서 올리면 양손의 엄지가 교차된 자세가 됩니다. 이 상태에서 날 중간에서 날 뿌리 방향으로 칼을 밀면 칼날이 부재를 가로지르며 V홈의 한쪽 면이 만들어집니다. 이어지는 동작에서 손 모양은 그대로 유지한 채 칼을 손 안에서 굴려 날이 몸 바깥으로 향하게 전환한 뒤, 날 뿌리에서 날 중간 방향으로 칼을 당기면 V홈의 반대쪽 면이 절삭됩니다. 칼을 밀고 당길 때는 손가락 힘에만 의존하지 말고 어깨와 팔꿈치를 함께 움직여야 보다 안정적이고 강한 절삭이 가능합니다. 이 두 동작을 반복해 꼭지 장식을 만들 수 있습니다.

## ▪ 디자인하기

매직 완드가 마법을 부릴 수 있는 열쇠라면, 나이프 그립은 우드카빙이란 세계로 들어가는 진짜 열쇠입니다. 매직 완드를 만든 이후 목물들은 현실적인 쓰임을 염두에 두지만 매직 완드만큼은 상상력을 발휘해 디자인을 해 보면 좋겠습니다. 예를 들어 어린 시절의 기억이나 지금의 바람을 떠올려 소망을 상징하는 형태를 꼭지 장식으로 만들어 보고 그 소망을 이루기 위한 시간과 노력을 샤프트의 길이나 모양으로 표현해 보아도 좋을 것 같습니다. 단, 처음 만드는 목물이니 너무 복잡하거나 부담스럽지 않은 선에서 연습을 충분히 할 수 있는 형태로 디자인해 보세요.

## ▪ 작업 과정

### [STEP 1. 블랭크 만들기]

1) 뒷산에서 목련 가지를 발견했습니다. 너무 가늘지 않고, 손에 잡아 쓸 때 약간 크다고 느껴지는 직경이면 매직 완드 만들기에 적합합니다.
오래된 아파트 단지나 동네 공원에서도 가지치기 된 나뭇가지를 종종 발견할 수 있습니다. 곧고 잔가지가 없는 부분을 골라 길이 350mm로 잘라 준비합니다.

2) – 3) **니 그립, 스큐 그립**으로 나무 껍질을 벗겨 블랭크를 만듭니다.

4) 껍질 정리를 마친 상태.

**[STEP 2. 샤프트 탑 라인 만들기]**

1) 블랭크 마구리면에 십자선을 그려 중심을 표시합니다.

2) 마구리에서 결 방향으로 중심선을 넘겨 그리고, 이 중심선에 맞춰 탑 라인을 그립니다.

3) 샤프트는 끝으로 갈수록 좁아지는 테이퍼드 형태이므로 끝에서 많은 양을 깎아야 합니다. **파워 그립**으로 샤프트 끝을 과감히 덜어 냅니다.

4) **니 그립**으로 면을 길게 정리하며 모양을 잡습니다.

5) 샤프트 한 면을 깎은 상태.

6) 카빙 나이프로 많은 양을 깎기 어렵다면 도끼로 살을 덜고 **니 그립**으로 다듬는 방법도 좋습니다.

## [STEP 3. 샤프트 사이드 라인 만들기]

1) 앞서 깎아 낸 면을 기준으로 샤프트의 사이드 라인을 블랭크 측면에 그립니다.

2) **니 그립**으로 샤프트 옆면을 길게 깎습니다.

3) **캔 오프너 그립**으로 샤프트 끝부분을 섬세하게 깎습니다.

4) 자루에서 샤프트 끝부분으로 네 면에 끝으로 갈수록 좁아지는 테이퍼드 형태를 완성합니다.

**[STEP 4. 1차 팔각 샤프트 만들기]**

샤프트는 곧고 균형 잡힐수록 완성도가 높아집니다. 그래서 한 번에 작업하기 보다는 두 단계로 나누어 샤프트를 만듭니다. 먼저 현재의 사각 샤프트를 팔각 샤프트로 깎아서 만듭니다.

1) 각 모서리의 중심을 기준으로 양쪽에 가이드 라인을 그려 4면 모두에 총 8개의 가이드 라인을 그립니다.

2) 가이드 라인 사이를 **니 그립, 가이디드 풀 그립**으로 깎아 팔각 샤프트를 만듭니다.

## · 가이드 라인 그리기

　목물을 생각한 형태로 정확히 깎으려면 기준선이 필요합니다. 눈대중 또는 손가는 대로 깎다 보면 원하는 모양과 실제 결과물이 달라지기 쉽습니다. 이때 필요한 것이 바로 가이드 라인입니다. 가이드 라인은 내가 만들고자 하는 형태의 기준선으로 간단한 원리만 이해하면 다양한 형태에도 적용할 수 있습니다.

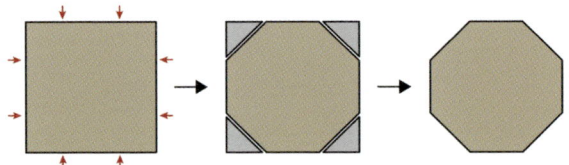

　예를 들어, 사각형을 팔각형으로 깎고자 할 때는 각 변에서 일정 거리만큼 모서리를 깎기 시작하는 8개의 지점을 찾습니다. 이 점들을 선으로 연결하면 팔각형의 모서리가 되며, 그 선 바깥쪽을 깎아 내면 사각형은 자연스럽게 팔각형이 됩니다.

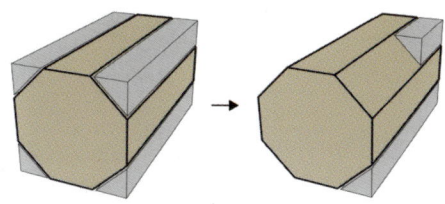

 이 원리는 평면에만 적용되는 것이 아니라, 입체에도 동일하게 사용할 수 있습니다. 보통 블랭크를 만들면 자루 마구리면이 사각형으로 만들어집니다. 마구리면에 팔각형을 깎기 시작하는 지점을 표시합니다. 그런 다음 이 지점들을 자루 길이 방향(결 방향)으로 곧게 연장해 선을 그리면 깎아야 할 부분이 표시됩니다. 이 연장선이 가이드 라인이며, 선 사이 모서리를 깎아 내면 자루 전체가 사각형에서 팔각형이 됩니다. 정리하자면, 깎기 시작하는 기준점을 찾고, 그 지점을 연장해 깎을 부분을 표시하는 것이 가이드 라인입니다. 이 원리는 팔각형뿐 아니라 원형, 마름모, 부채꼴 등 다양한 형태에도 동일하게 적용할 수 있습니다.

**[STEP 5. 2차 팔각 샤프트 만들기]**

1차 팔각 샤프트가 완성되었지만, 아직 전체적으로 두께감이 남아 있어 최종 형태를 정리할 필요가 있습니다.

1) 샤프트에 최종 두께와 폭을 연필로 표시합니다.

2) ― 3) ― 4) 표시 선에 맞춰 **가이디드 풀 그립, 니 그립, 섬 그립**을 활용해 사각 샤프트 형태로 깎아 전체 두께를 정리합니다.

5) 사각으로 정리된 샤프트에 팔각형 가이드 라인을 그립니다.

6) ー 7) **니 그립, 섬 그립**을 활용하여 가이드 라인을 따라 깎아 2차 팔각 샤프트를 만듭니다.

## [STEP 6. 사각 자루 만들기]

자루도 샤프트와 같은 방식으로 탑 라인과 사이드 라인을 그려 사각 형태로 깎아 냅니다.
샤프트 작업 중 표시한 라인이 지워졌다면 블랭크에 다시 중심선을 옮겨 그립니다.

1) 탑 라인을 눈으로 보고 깎을 수 있는 곳은 **캔 오프너 그립**으로 깎을 수 있습니다.

2) **섬 그립**으로 방향을 조절하며 부드럽게 면을 깎습니다.

3) 제결이 만나는 경계 지점은 **크로**

**스드 섬 그립**으로 깨끗하게 마무리합니다.

4) 사각 자루가 완성된 상태입니다. 자루는 곡선이 많고 샤프트보다 깎는 면적이 넓기 때문에 적절한 나이프 그립을 선택해 조금씩 정리해 나갑니다.

[STEP 7. 팔각 자루 만들기]

1) 사각으로 만든 자루에 팔각 가이드 라인을 그립니다.

2) **가이디드 풀 그립**을 활용하여 각 모서리를 깎아 자루를 팔각으로 만듭니다.

3) 제결 방향에 유의하며 **크로스드 섬 그립과 섬 그립**으로 모서리와 세부 곡선을 깎습니다.

4) 샤프트와 자루 앞쪽까지 팔각으로 만든 상태.

[STEP 8. 꼭지 장식 만들기]

1) 꼭지 장식 시작 부분에 칼을 90도로 세우고, 부재를 몸 안쪽으로 돌려 가며 칼금을 긋습니다.

2) **섬 그립**으로 자루 끝 쪽에서 칼금 방향으로 오목한 경사면을 깎아 자루와 꼭지 장식을 분리합니다.

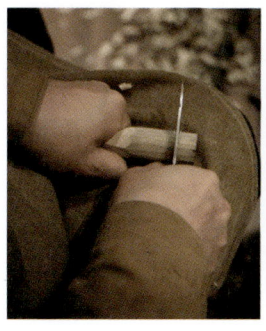
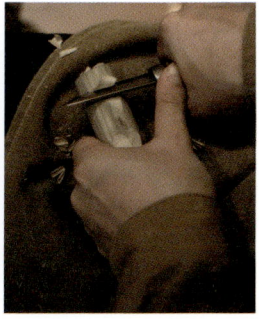

3) **크로스드 섬 그립, 가이디드 풀 그립**으로 자루 끝 쪽에서 위쪽으로 면이 자연스럽게 이어지도록 다듬습니다.

4) **크로스드 섬 그립**으로 꼭지 장식 전체를 점진적으로 깎습니다.

5) **섬 스큐 그립**으로 꼭지 끝을 깨끗하게 마무리합니다.

6) 한 면의 자루와 꼭지 장식 부분을 만든 상태. 자루와 꼭지 장식 사이는 분리감이 있도록 깎으려면 많은 양을 깎아야 하므로 여러 번에 나누어 형태를 잡습니다. 자루 부분은 제결 방향에 유의합니다.

7) 나머지 면도 같은 방식으로 깎아서 형태를 만듭니다.

8) 자루와 꼭지 장식을 모두 완성한 상태.

[STEP 9. 마무리하기]

1) 샤프트 끝은 놓치기 쉬운 부분인데 절단면에 톱자국을 **섬 스큐 그립**으로 정리합니다.

2) 전체 형태를 확인하며 각 면의 균형이 잘 맞는지, 표면에 거친 부분은 없는지 살펴보고 필요한 부분은 다시 한번 정리합니다. 매직 완드이기 때문에 손에 잡은 그립감도 확인해 보세요.

3) 매직 완드 완성!

- ## 작업 돌아보기

나무를 깎을 때 가장 중요한 것은 베어 내는 절삭 동작입니다. 잘 연마된 날은 육안으로 보면 얇은 선처럼 보이지만 현미경으로 확대해 보면 톱처럼 미세한 이빨 구조를 갖고 있습니다. 따라서 날을 수직으로 '찍어 넣듯' 사용하면 나무가 잘리지 않고 사선으로 베어 내듯 움직여야 절삭이 제대로 됩니다. 이 원리를 바탕으로 나이프 그립의 세 가지 요소(칼 잡는 방법, 부재 지지, 몸 보호 자세)가 가장 효율적인 절삭 자세를 만들어 냅니다. 기본 자세를 잡은 뒤, 날이 부재와 이루는 각도, 부재를 누르는 힘을 조절하면서 정확하게 나무가 베어지는 지점을 체득해야 합니다. 이 베어 내기 원리는 카빙 나이프를 다루는 데만 국한되지 않습니다. 스플리팅 나이프나 환도도 나무를 베어 내듯 절삭해야 적당한 힘으로도 깨끗한 표면을 얻을 수 있습니다. 특히 카빙 나이프는 그립이 다양하기 때문에 나이프 그립을 통해 베어 내는 원리를 익히면 다른 날물 도구도 자연스럽게 익힐 수 있을 것입니다.

# 날물 연마

매직 완드를 만들며 작업 도구와 한층 가까워지고 도구 다루는 재미를 느끼기 시작했을 겁니다. 이제 손은 풀려 카빙을 계속 하고 싶어지지만, 동시에 칼이 전처럼 말을 듣지 않는다는 느낌도 들 수 있습니다. 처음처럼 가볍고 생생하게 깎이지 않고, 힘이 들고 답답한 느낌이 든다면 칼날이 무뎌진 신호입니다. 날물은 영원히 예리할 수 없습니다. 사용하면서 자연스럽 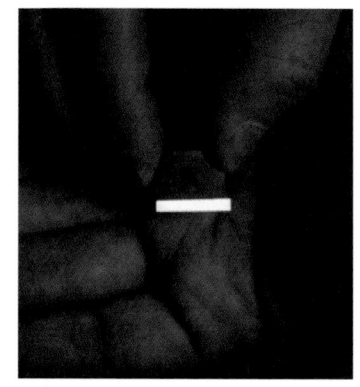 게 무뎌지고 때로는 깨지기도 합니다. 날이 서 있지 않은 도구를 억지로 사용하면 힘이 들어가고, 잘못된 그립법을 쓰게 되어 부상을 입을 위험도 높아집니다. 원하는 모양을 섬세하게 깎기도 어렵습니다. 따라서 안전하고 지속적인 우드카빙을 위해 날물 연마는 필수입니다.

처음에는 우드카빙을 즐겁게 시작했더라도 날이 무뎌진 뒤 연마를 제대로 하지 못해 포기하는 경우가 적지 않습니다. 그만큼 초심자에게는 연마가 부담스럽게 느껴질 수 있습니다. 하지만 연마 역시 우드카빙과 닮아 있습니다. 오감을 열고 집중하다 보면 흐르는 시간 속에 자연스럽게 몰입하게 됩니다. 깨끗하게 깎인 나무에서 아름다움을 발견하듯, 잘 연마된 날에서도 고운 흔적을 찾아볼 수 있습니다. 이 과정을 거치며 손의 감각이 한층 세밀해지고 카빙에도 자연스런 힘이 더해질 것입니다.

## ▪ 잘 연마된 날

연마란 사용하면서 무뎌진 날을 갈아 내고 다듬어 예리함을 회복하거나 개선하는 작업을 말합니다. 그렇다면 '잘 연마된 날'은 어떤 상태를 말할까요?

연마는 단순히 날을 갈아 내는 것이 아닙니다. 날이 곧고 날 각이 일정하게 유지되도록 정밀하게 다듬어져야 제대로 연마된 상태라고 할 수 있습니다. 이렇게 연마되어 있을 때, 일정한 각도로 날을 세워 나무를 깎으면 고르게 절삭됩니다. 날 전체가 균일하게 나무에 닿기 때문에 손의 움직임만으로 절삭량을 일정하게 유지할 수 있고, 원하는 만큼의 힘 조절도 수월해집니다.

반면, 날이 곧지 않거나 각도가 고르지 않으면 상황이 달라집니다. 겉보기엔 연마가 된 것처럼 보여도 실제로는 날의 일부만 나무에 닿아 어떤 부분은 지나치게 파이고, 어떤 부분은 거의 깎이지 않을 수 있습니다. 이로 인해 손의 감각이 흐트러지고 절삭량도 예측할 수 없어집니다. 결국 연마는 했더라도 제대로 된 연마가 아니면 오히려 칼을 다루기 어려워질 수 있습니다. 따라서 '잘 연마된 날'이란 곧고 일정한 각도로 연마되어 안정적으로 나무를 깎을 수 있는 날을 말합니다.

## ▪ 최적의 연마 조건을 만드는 배파기

날을 곧고 일정한 각도로 연마하기 위해서는 연마 면의 중심을 잘 잡고 흔들림 없이 안정적인 자세(그립)를 유지하는 것이 중요합니다. 그러나 처음부터 연마를 잘하기는 어렵기 때문에 최적의 연마 조건을 이해하고 어려움을 해결하는 방안을 찾는 것이 필요합니다.

일반적으로 날 폭이 넓을수록 중심을 잡기 쉬워지지만, 그만큼 연마 면적이 넓어져 작업 시간이 길어지는 단점이 따릅니다. 이런 문제를 해결하기 위한 방법이 '배파기'입니다. 배파기는 날 각도 시작점과 날 끝 두 지점만 숫돌에 닿도록 날의 중간 부분을 오목하게 파내는 작업입니다. 이를 통해 연마 면적과 시간을 줄이고 날을 보다 곧게 연마할 수 있습니다.

배파기는 보통 그라인더를 이용해 작업합니다.

- 건식 그라인더는 빠른 작업 속도가 장점이지만, 마찰열로 인해 열처리가 풀릴 위험이 있습니다.
- 습식 그라인더는 물을 사용해 열을 식혀 주기 때문에 열처리 손상 위험이 없고 다양한 지그를 장착할 수 있습니다.
- 드레멜이나 핸드피스 같은 소형 공구를 활용하면 좁은 폭의 날물도 간편하게 배파기 할 수 있습니다.

1) 도끼날을 배파기한 뒤 숫돌로 연마한 상태입니다. 날 각도 시작점과 날 끝은 연마되어 광택이 나지만, 중간 부분은 연마되지 않아 배파기 작업 시 생긴 그라인더 텍스처가 그대로 남아 있습니다. 연마된 부분과 배파기 된 부분의 차이를 비교해 보세요.

2) 핸드 피스를 사용해 카빙 나이프를 배파기한 모습입니다. 그라인더 작업에 비해 표면이 다소 고르지 않지만 배파기의 목적은 동일합니다.

▪ **호닝 가이드를 이용한 정확한 연마**

손으로 날을 곧게 연마할 수 있다면 배파기용 전동 공구 없이도 작업할 수 있습니다. 그러나 연마하는 동안 날을 정확한 각도로 유지하는 것은 생각보다 쉽지 않은 일입니다. 이때 각도 유지를 보조해 주는 도구가 호닝 가이드입니다. 호닝 가이드를 사용하면 초보자도 안정적으로 연마할 수 있어 연마의 정확도를 높이는 데 도움이 됩니다.

그라인더와 호닝 가이드 같은 도구는 연마의 정확도와 작업 효율을 높여 주는 유용한 수단이지만 반드시 갖추어야 하는 것은 아닙니다. 연마에 익숙해지면 별도 보조 도구 없이도 손만으로 날을 곧고 일정하게 연마할 수 있습니다. 날이 이중 각이 되거나 날 끝이 부러지는 등의 경우가 아니라면, 굳이 배파기나 호닝 가이드를 사용하지 않고도 충분히 예리리한 날물을 만들 수 있습니다.

### ▪ 연마 도구

1) 물숫돌 [마츠나가 킹스톤 #1000, #4000]: 물숫돌은 물을 윤활제로 사용하는 숫돌입니다. 종류에는 자연석 숫돌, 세라믹 숫돌, 인공 물숫돌이 있으며, 일반적으로 인공 물숫돌은 사용 전에 30분 이상 물에 담가 충분히 물을 머금게 한 후 사용합니다. 물숫돌은 재질이 부드럽기 때문에 사용하면서 약간씩 파이는 특성이 있습니다. 따라서 숫돌 한 부분만 집중적으로 사용하지 않고 숫돌 면 전체를 골고루 쓰며 연마 중간에 평을 잡아주는 것이 필요합니다. 세라믹 숫돌은 일반 물숫돌에 비해 담그는 시간이 짧고, 같은 입도일 경우 연마 속도가 더 빠릅니다.

2) 양면 다이아몬드 숫돌 #4000, #1000: 다이아몬드 숫돌은 철판 위에 다이아몬드 입자를 부착한 숫돌입니다. 변형이 적고 평활도가 뛰어나 물숫돌의 평을 잡거나 외날 칼의 뒷날을 고르게 다듬을 때 사용합니다. 또한 물숫돌 연마 중 이

중 각이 심하게 생겼을 경우, 다이아몬드 숫돌로 교정하면 효율적입니다. 다이아몬드 숫돌은 연마할 때 숫돌즙*이 나오지 않기 때문에 물을 뿌려 가며 사용해야 합니다. 사용 후에는 숫돌에 남은 물기를 깨끗이 닦아 건조시켜 녹슬지 않도록 관리합니다.

 3) 평잡이 숫돌 #400: 물숫돌의 평을 잡을 때 사용하는 전용 숫돌입니다. 숫돌 표면에 홈이 나 있어 연마 중 생성되는 숫돌즙과 물을 효과적으로 배출해 줍니다. 평이 고르게 잡힌 숫돌은 날물과의 접촉 면적을 균일하게 만들어 밀착력이 높아지고 연마 품질이 향상됩니다. 다만 평잡이 숫돌 역시 마모되기 때문에, 주기적으로 다이아몬드 숫돌로 평을 잡아 주어야 합니다. 사용 후에는 평잡이 숫돌에 남은 숫돌즙을 깨끗이 씻어 제거해 주어야 합니다.

 4) 휴대용 다이아몬드 숫돌: 휴대용으로 제작된 작은 바 형태의 다이아몬드 숫돌입니다. 숫돌을 손에 들고 날물에 문지르며 연마할 수 있습니다. 외부 작업 시 간편하게 연마할 수 있으며, 도끼처럼 무겁거나 고정하기 어려운 날물을 연마할 때 유용합니다.

 5) 가죽 스트롭: 가죽 면에 연마제를 발라 날 끝을 마무리하는 데 사용하는 도구입니다. 날은 저각일수록 예리하지만 얇아서 손상되기 쉽고, 고각일수록 두꺼워져 튼튼해집니다. 가죽 스트롭에 연마제를 바른 뒤, 날을 문질러 스트로핑하면 날 끝에 미세한 고각(이중 각, 마이크로 베벨)이 형성되어 절삭력을 유지하면서도 날 끝을 더욱 견고하게 만들 수 있습니다. 다만 스트로핑을 과도하게 반복하면 날 끝이 둥글어져 절삭각을 유지하기 어려워질 수 있으므로 양날 기준 50회 미만으로 스트로핑을 제한하는 것이 좋습니다. 연마가 끝난 후에는 #120사포로 가죽 표면을 가볍게 샌딩해 남은 쇳가루를 제거해 줍니다.

---
* 숫돌즙(whetstone slurry): 연마할 때 날물이 잘 미끄러지도록 숫돌에서 생성되는 윤활제로 생성되는 숫돌즙의 입도는 사용하는 숫돌의 입도와 비슷하다.

6) 연마제: 연마제는 금속 표면을 미세하게 다듬거나 광택을 내기 위해 사용하는 연마용 물질로 다양한 제형이 있습니다. 스트로핑 단계에서 날물의 최종 마무리를 위해 연마제를 사용하며, 일반적으로 물숫돌 기준 #4000 이상의 높은 입도를 가진 제품을 선택합니다. 고체형 연마제는 가죽 스트롭에 문질러 바르고, 페이스트형 연마제는 얇게 펴 발라 사용할 수 있습니다.

7) 숫돌 받침과 물통: 숫돌 받침과 물통은 연마 작업을 안정적으로 진행하기 위해 사용하는 보조 도구입니다. 연마할 때 양손으로 날물을 밀고 당기다 보면 숫돌이 밀릴 수 있기 때문에 숫돌을 고정할 수 있는 받침대가 필요합니다. 또한 물숫돌을 충분히 적시고 보관할 수 있도록 물통을 함께 준비하는 것이 좋습니다.

환도 연마대: 날 모양이 둥근 환도나 각이 진 삼각도는 평평한 숫돌만으로는 연마하기 어렵습니다. 특히 오목하게 들어간 뒷날을 효과적으로 연마하려면 곡면에 맞는 연마대가 필요합니다. 기성 제품을 구매하거나 직접 제작하여 사용할 수도 있습니다.

좌측에서부터 시계 방향으로 핸드피스, 습식 그라인더와 연마용 지그, 건식 그라인더, 호닝 가이드

## ▪ 전동 공구와 호닝 가이드

1) 건식 그라인더: 원형 숫돌을 고속으로 회전시켜 금속을 빠르게 갈아 내는 전동 공구입니다. 양쪽에 입도가 다른 숫돌이 장착되어 있으며, 날 각을 변경하거나 배파기 작업에 적합합니다. 다만 건식 방식은 마찰열이 쉽게 발생하는 특성상 과도하게 연마하면 열처리가 풀릴 수 있습니다. 또한 별도의 지그 없이 손으로 각도를 유지해야 하므로 어느 정도 숙련이 필요합니다. 가격은 비교적 저렴하며, 숙련도가 쌓이면 빠르고 효율적인 연마 작업을 할 수 있습니다.

2) 습식 그라인더: 습식 그라인더는 원형 숫돌을 물로 적시며 저속으로 회전시켜 금속을 갈아 내는 전동 공구입니다. 연마 중 발생하는 마찰열을 물로 식혀 주기 때문에 날물의 열처리가 풀리는 것을 방지할 수 있습니다. 보통 우측에는 물 숫돌, 좌측에는 가죽 스트롭이 장착되어 있으며, 작업 상황에 따라 회전 속도를 조절할 수 있습니다. 나이프, 환도, 도끼, 가위 등 다양한 날물에 맞는 지그를 구매해 장착하면 복잡한 형태의 날물도 정밀하게 연마할 수 있습니다. 다만 제품 가격이 높아 연마할 날물이 많거나 다양한 형태의 연마가 필요한 경우에 추천합니다.

3) 핸드피스 / 드레멜: 핸드피스나 드레멜은 손에 쥐고 사용하는 소형 전동 공구입니다. 다양한 종류의 비트를 교체해 사용할 수 있으며 날 폭이 좁은 카빙 나이프나 평도 등의 배파기 작업에 특히 유용합니다. 필수 장비는 아니지만, 조각용 비트를 활용하면 날물 연마뿐만 아니라 우드카빙 작업에도 폭넓게 활용할 수 있습니다.

4) 호닝 가이드: 호닝 가이드는 연마할 때 날을 일정한 각도로 고정해 주는 수동 보조 도구입니다. 대패나 끌은 물론, 칼이나 도끼 등 다양한 날물에 맞춘 제품들이 출시되고 있어 선택의 폭이 넓습니다. 전기를 사용하지 않고 손으로 조작하기 때문에 소음이 없고 각도를 안정적으로 유지할 수 있어 초보자도 균일한 연마

결과를 얻을 수 있습니다.

**[환도 연마대 만들기]**

1) 환도 입술 폭보다 두께가 얇은 판재를 준비합니다. 삼나무나 레드 파인 같은 소프트 우드 판재를 사용하면 가공이 쉽습니다.

2) 판재 한쪽 마구리에 환도를 대고 눌러 찍어서 곡선을 표시한 뒤, 밀어서 모서리를 깎아 냅니다.

3) 환도가 들어가지 않는 반대쪽 모서리까지 평대패나 스포크 쉐이브로 깎아서 전체 모서리를 둥글게 깎아 줍니다.

4) 같은 모양으로 판재를 두 장 더 만들어 각각 #400사포, #600 사포, 가죽을 붙여 연마 판을 완성합니다. 연마 판 두께에 맞게 베이스에 홈을 따고 조립해 연마대를 완성하거나, 장부 가공이 어려울 경우 연마 판을 멀티앵글 바이스에 물려서 사용할 수도 있습니다.

## ▪ 연마 실습

### 1. 날물의 형태

날은 크게 외날과 양날로 나눌 수 있습니다. 외날은 평도, 환도, 대패 날처럼 한 면이 평평하고 다른 한 면에만 날 각이 서 있는 형태입니다. 평평한 면을 뒷날, 날 각이 서 있는 면을 앞날이라고 합니다. 반면 양날은 카빙 나이프, 스플리팅 나이프처럼 양쪽으로 날이 서 있으며 중앙으로 각이 모이는 형태를 말합니다.

### 2. 연마 과정에서 나타나는 현상

1) 입도에 따른 변화: 숫돌 입도에 따라 연마된 표면 질감이 달라집니다.
 - 저입도 숫돌(#800~#1000)로 연마한 경우, 표면이 거칠고 빛 반사가 거의 없어 회색빛으로 보입니다.
 - 고입도 숫돌(#4000 이상)로 연마한 경우, 표면이 매끄러워지고 광택이 생기며 경면(鏡面) 현상이 나타납니다.

연마된 면 전체가 균일한 색이나 광택을 띠고 있다면 연마가 고르게 이루어진 것입니다. 색이 다르게 보인다면 해당 부위가 숫돌에 제대로 닿지 않은 것으로 볼 수 있습니다. 또한 숫돌 표면에 숫돌즙이 과도하게 쌓이면 숫돌의 입도가 높아져 색이 다르게 보일 수 있습니다.

2) 거스러미(burr)의 발생: 날을 숫돌에 갈기 시작하면, 갈린 금속이 날 끝을 넘어 반대편으로 밀려 올라오는데 이를 거스러미(burr)라고 합니다.

저입도 숫돌(#800~#1000)에서는 거스러미가 많이 발생하고, 고입도 숫돌(#4000 이상)에서는 상대적으로 거스러미 발생이 적습니다.

연마 면의 색이나 광택만으로는 연마가 제대로 이루어졌는지 판단하기 어렵습니다.
 - 연마가 잘되어 거스러미가 넘어갔더라도 숫돌즙에 의해 표면 광택이 덜할 수 있습니다.
 - 반대로 표면 광택이 좋아 보여도 거스러미가 없다면 날 끝까지 연마되지 않

은 상태일 수 있습니다.

따라서 연마가 잘되었는지를 확인할 때는 손끝으로 거스러미 발생 여부를 직접 확인하는 것이 중요합니다. 이때는 항상 같은 손가락을 사용하는 습관을 들이면 감각을 키우는 데 도움이 됩니다.

거스러미를 확인한 뒤에는 숫돌에 다시 가볍게 연마해 거스러미를 제거합니다. 이때 거스러미가 잘 떨어지지 않는다면, 날 끝이 정확히 만나지 않은 상태입니다. 특히 고입도 숫돌로 연마하는 과정에서 거스러미가 잘 생기지 않는다면, 저입도 숫돌에서 재연마하는 것이 좋습니다.

거스러미를 제거한 뒤에는 숫돌 남은 금속 입자를 반드시 물로 씻어 내야 합니다. 그렇지 않으면 남은 금속이 숫돌과 이후 연마하는 날물까지 손상시킬 수 있습니다.

**1. 정확한 연마를 위한 기본기**

1) 숫돌 평 잡기: 물숫돌을 사용하다 보면 연마한 부분이 점점 파이게 됩니다. 숫돌 평이 맞지 않으면 고르게 연마하기 어렵기 때문에 주기적으로 평을 잡아야 합니다.

2) 숫돌 면 전체적으로 사용하기: 숫돌의 한 부분에만 집중해서 연마하지 말고 전체를 고르게 사용해야 합니다. 숫돌 일부만 사용하면 그 부분만 파이고, 평을 잡기 위해 갈아야 할 두께가 깊어져 숫돌 소모가 커집니다. 숫돌을 전체적으로 사용하는 습관은 숫돌 수명을 늘리고 연마 품질을 높여 줍니다.

3) 날물 그립 감각 키우기: 날물의 형태가 달라도 안정적인 자세를 취하는 원리를 이해하고 익숙해지는 것이 중요합니다. 연마의 핵심은 연마 각도를 일정하게 유지하고 중심을 잡는 것입니다. 지그를 사용하지 않는 경우, 손의 감각을 극대화해 이 조건을 스스로 만들어야 합니다.

연마 시에는 보통 두 손을 사용합니다. 한 손은 날물 모서리에 지탱하여 연마

각도가 일정하게 유지되는지 확인하고 밀고 당기는 동작을 조절합니다. 다른 손은 날 끝을 눌러 주어 날이 처지지 않고 각도를 유지하도록 지지합니다.

날물의 모서리를 지지하는 이유는 작은 움직임을 더 잘 느낄 수 있기 때문입니다. 물체를 잡을 때 모서리를 잡으면 힘은 약하지만, 미세한 움직임을 감지하기에 유리합니다. 예를 들어, 각진 물체가 쓰러지려 할 때 검지로 살짝 누르고 힘을 약간 빼면 기울어지는 방향을 쉽게 느낄 수 있습니다. 이런 원리와 감각을 활용하면 날의 각도와 중심을 보다 안정적으로 유지할 수 있습니다.

### 2. 다양한 날물 연마하기

### ▪ 기본 연마 순서

1) 저입도 숫돌(#800~#1000)에서 날을 연마합니다. 거스러미가 발생하면 제거하고 고입도 숫돌로 넘어갑니다.

2) 고입도 숫돌(#4000 이상)에서 날을 연마하여 다시 거스러미를 형성되는지 확인한 뒤 거스러미를 제거합니다. 여러 번 연마해도 거스러미가 형성되지 않으면 저입도로 돌아가 재연마하고 고입도로 진행합니다.

3) 숫돌 연마가 끝나면 가죽 스트롭에 연마제를 바르고 날 끝을 스트로핑합니다. 날의 손상이 크지 않으면 가죽 스트로핑만으로도 날 상태를 유지할 수 있습니다.

## ▪ 날물별 연마 방법

### 1) 스포크 쉐이브(외날) 연마하기

**[STEP 1. 뒷날 연마]**

외날은 평평하고 균형을 잡기 쉬운 뒷날을 먼저 연마합니다.

1) 저입도 숫돌(#1000)에서 뒷날을 연마합니다. 숫돌 위에 뒷날을 90도로 돌려서 올려 놓고, 왼손 검지로 날 끝을 눌러 전체 면이 균일하게 닿도록 합니다. 뒷날을 연마할 때는 날 끝에 주로 힘을 주어야 단차가 생기지 않습니다.

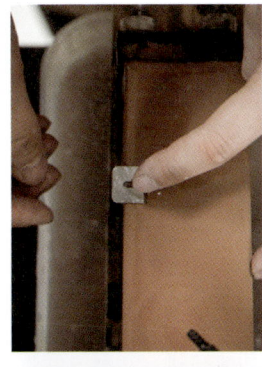 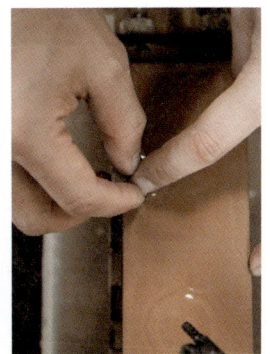

2) 오른손 중지로 날이 처지지 않도록 받치고, 엄지와 검지로 날 모서리를 잡아 밀고 당기기를 조절하며 연마합니다.

3) 저입도 연마에서 뒷날 표면이 전체적으로 회색빛을 띠도록 연마합니다.

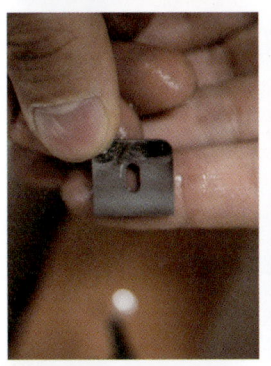 

4) 고입도 숫돌(#4000)로 교체하고 뒷날을 연마합니다.

5) 저입도 연마 때와 마찬가지 그립으로 연마합니다.

6) 고입도 연마가 잘되면 표면에 매

끄러운 광택이 생깁니다.

뒷날을 저입도에서 고입도까지 연마해, 초기 연마 상태로 만듭니다. 가죽 스트로핑은 하지 않습니다. 뒷날을 초기 연마하면, 날이 무뎌졌을 때 뒷날 연마는 생략하고 앞날만 연마할 수 있습니다.

※ **초기 연마 후 날 세우기 순서**
뒷날 초기 연마 → 앞날 저입도 연마 → 거스러미를 고입도에서 제거 → 앞날 고입도 연마 → 거스러미 제거. 뒷날은 계속 고입도로만 연마되기 때문에 점점 날면이 매끄러워집니다.

## [STEP 2. 앞날 연마]

뒷날 초기 연마가 끝나면 앞날을 저입도에서 고입도 순으로 연마합니다.

1) 앞날을 저입도 연마합니다. 앞날을 날 각도에 맞춰 세운 뒤 숫돌에 밀착시킵니다. 이때 숫돌 면에 대해 날을 약간 비스듬히 두고 움직이면 보다 안정적으로 밀고 당길 수 있습니다.

2) 왼손 검지로 날 끝을 눌러 날이 처지지 않도록 지지합니다. 오른손 엄지와 검지로 날 모서리를 잡습니다.

3) 각도가 안정되면 날을 부드럽게 밀고 당기며 연마합니다.

4) 날을 밀 때는 각이 틀어지며 숫돌을 파고들 수 있기 때문에, 초심자라면 날을 뒤로 당기는 방향으로 연마하는 것도 효과적입니다.

5) 앞날 표면이 전체적으로 고르게 연마되었는지 빛에 비춰 확인합니다.

6) 눈으로 보았을 때 연마가 잘되었다면, 앞날에서 뒷날로 거스러미가 넘어갑니다. 뒷날로 넘어온 거스러미를 손으로 만져 확인합니다.

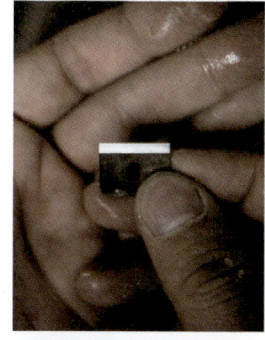
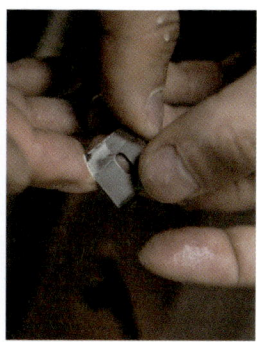

7) 거스러미가 넘어왔다면 고입도 숫돌로 교체해 뒷날을 가볍게 연마하여 거스러미를 제거합니다. 거스러미가 실처럼 떨어져 나왔다면 숫돌에 박히지 않도록 물로 씻어 냅니다.

8) 거스러미를 제거한 후 앞날을 고입도 연마합니다.

9) 앞날을 연마할 때는 숫돌 면을 고루 사용해 연마합니다.

10) 앞날 표면이 고르게 연마됐는지 빛에 비춰 확인합니다. 고입도 연마 시에는 표면에 광택이 생깁니다. 눈으로 연마 상태를 확인한 뒤,

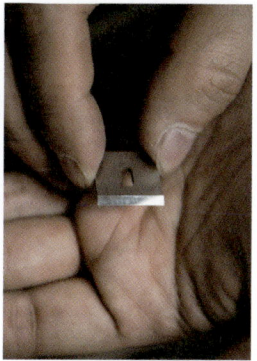

뒷날로 거스러미가 넘어갔는지 손으로 감지하고 제거합니다. 연마가 잘되었을 경우, 고입도에서 왕복 5회 이내로 가볍게 연마했을 때 거스러미가 제거됩니다.

※ 거스러미가 잘 제거되지 않는다면 뒷날과 앞날 끝이 정확히 만나지 않은 상태입니다. 이 경우 앞날을 다시 고입도 연마하여 거스러미를 확인하고 제거하기를 반복해 봅니다. 그래도 거스러미가 넘어오지 않는다면 저입도로 돌아가 다시 연마합니다.

## [STEP 3. 연마 마무리]

연마가 끝나면 날이 녹슬지 않도록 날에 묻은 물을 제거합니다.

1) 앞날이 대패입으로 들어가도록 날을 위치시킵니다.

2) 캡 아이언(고정 금속판) 혹은 덧날을 날에 겹쳐 올립니다.

3) 나사를 끼워 조금씩 조이며 날과 고정판을 정렬합니다. 정렬이 잘되면 나사를 꽉 잠급니다.

4) 날은 매우 미세하게(약 0.2mm) 나올 정도로 세팅합니다.

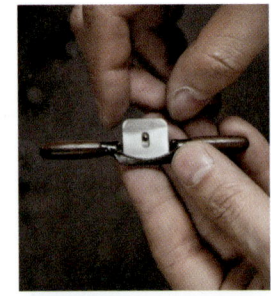 
 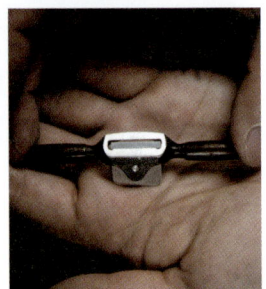

## 2) 환도(외날) 연마하기

### [STEP 1. 뒷날 연마]

환도도 뒷날부터 연마합니다. 환도 뒷날은 연마 거리가 짧고, 당기는 방향으로만 연마합니다. 환도는 입술 곡이 다양하기 때문에 사용하는 환도가 많다면 각 곡면에 맞는 뒷날 연마 숫돌이나 연마대가 필요합니다.
전용 숫돌을 사용할 수 있지만, 당기는 연마 동작이 끝날 때 날 끝이 단단한 숫돌에 부딪혀 깨질 위험이 있습니다. 따라서 환도 곡면에 맞게 연마대를 만들어 사용하는 것을 추천합니다.

1) #400 사포 연마대에 물을 약간 묻힙니다.

2) 뒷날이 최대한 많이 닿도록 연마대에 칼을 올립니다.

3) 오른손은 환도를 곧게 고정해 칼을 당기고 왼손으로 날 각도가 틀어지지 않게 지탱하며 연마합니다.

4) 연마는 당기는 방향으로만 진행합니다. 연마가 끝날 때 날이 연마대 밑으로 떨어지지 않도록 주의합니다.

5) #400 연마에서 뒷날 표면이 균일한 색을 띠도록 연마한 뒤, #600 사포 연마대에서 동일한 방법으로 연마합니다.

6) 가죽 연마대에 광택제를 바르고 스트로핑합니다.

7) 스트로핑도 마찬가지로 당기는 방향으로만 작업합니다. 가죽 면은 약간 눌리기 때문에 날을 당기며 지나치게 들어 올리면 평평해야할 뒷날에도 이중 각이 생기므로 주의합니다.

8) 스트로핑을 완료한 뒤 뒷날 표면이 고르게 광택이 나는지 확인합니다.

환도도 외날이므로 뒷날을 초기 연마 상태로 만들어 두면 이후 날이 무뎌졌을 때 뒷날 연마는 생략하고 앞날만 연마할 수 있습니다.

### [STEP 2. 앞날 저입도(#1000) 연마]

1) 앞날을 저입도 연마합니다. 앞날을 날 각도에 맞춰 세운 뒤 오른손 엄지와 검지, 왼손 검지로 날모서리를 잡고 숫돌에 밀착시킵니다.

2) 앞날이 숫돌 전체에 닿도록 입술 곡에 따라 돌리며 당기면서 연마합니다.

3) 볼록한 앞날을 돌리면서 당길 때는 지그재그로 뒤로 빼면서 연마해야 합니다.

4) 날이 지나온 자국을 보면 숫돌을 전체적으로 사용했는지 확인할 수 있습니다.

5) 앞날 표면이 고르게 연마되었는지 빛에 비춰 확인하고, 뒷날로 넘어온 거스러미를 손으로 만져 확인합니다.

6) 가죽 연마대에서 뒷날을 스트로핑해 거스러미를 제거합니다.

### [STEP 3. 앞날 고입도(#4000) 연마]

1) 거스러미를 제거한 후 앞날을 고입도 연마합니다. 저입도 연마와 마찬가지로 숫돌 전체를 사용해 지그재그로 날을 당기며 연마합니다.

2) 앞날 표면이 고르게 연마됐는지 빛에 비춰 확인합니다.

3) 뒷날로 넘어온 거스러미를 손으로 만져 확인합니다.

4) 가죽 연마대에서 뒷날을 스트로핑해 거스러미를 제거합니다. 거스러미가 잘 제거되지 않는다면 앞날 고입도 연마를 반복하고, 그래도 넘어오지 않으면 앞날 저입도 연마로 다시 돌아갑니다.

## [STEP 4. 스트로핑]

1) 가죽 스트롭에 광택제를 바르고 앞날을 스트로핑합니다.

2) 앞날 표면이 고르게 광택이 나는지 빛에 비춰 확인합니다.

3) 스트로핑 후 뒷날로 넘어온 거스러미를 손으로 만져 확인하고, 가죽 연마대에서 거스러미를 제거합니다.

4) 앞날을 다시 스트로핑합니다.

5) 연마가 끝난 앞날

6) 연마가 끝난 뒷날

스트로핑이 끝난 후에는 가죽 면에도 금속 입자가 남을 수 있습니다. #120 사포를 블록에 감아 스트롭과 가죽 연마대 표면을 갈아 내어 금속 입자를 정리해 줍니다.

## 3) 카빙 나이프(양날) 연마하기

### [STEP 1. 1면 저입도(#1000) 연마]

카빙 나이프는 양쪽 모두에 날이 서 있는 양날 구조입니다. 칼날 뿌리(자루 쪽)는 직선에 가깝고 칼날 끝(팁)으로 가면서 부드러운 곡선을 그립니다. 따라서 연마할 때는 칼날을 날 뿌리, 날 중간, 날 끝으로 나누어 연마하는 것이 효율적입니다.
양날 중에서 날이 몸 바깥쪽을 향한 면부터 연마하는 것이 쉽습니다. 연마가 익숙해지면 밀고 당기기 모두로 날을 연마할 수 있지만, 초심자라면 날을 당기는 방향으로 연마하는 것이 효과적입니다.

1) 먼저 접촉이 쉽고 넓은 날 중간(직선부)부터 연마합니다. 날 등 모서리에 왼손 검지와 중지를 올려 날을 숫돌에 눌러 주고, 오른손 엄지와 검지로 자루와 날이 이어지는 턱 부분을 잡아 각도를 조절합니다.

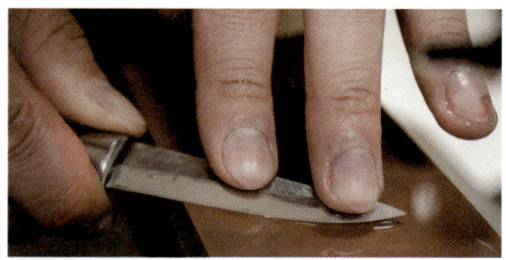

2) 그립이 안정되면 숫돌 뒤에서 몸 쪽으로 칼을 당기며 연마합니다.

3) 날 중간(직선부)의 연마한 면이 전체적으로 회색빛을 띠는지 빛에 비춰 확인합니다.

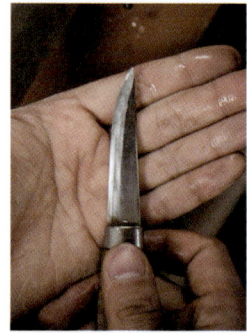

4) 이어서 날 끝(곡선부)을 연마합니다. 날이 둥글기 때문에 숫돌에 올렸을 때 균형이 잡히는지 손끝으로 확인합니다.

5) 균형이 잡히면 역시 숫돌 뒤에서 몸 쪽으로 칼을 당기며 연마합니다.

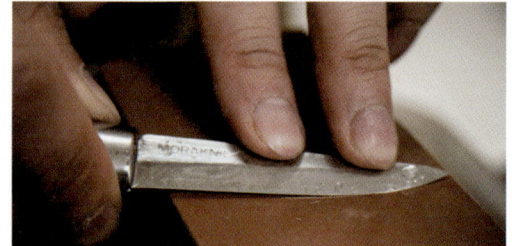

6) 연마한 면이 전체적으로 회색빛을 띠는지 빛에 비춰 확인합니다.

7) 이어서 날 뿌리를 숫돌 모서리에 대고 연마합니다.

8) 날 뿌리는 숫돌 면에 날을 90도로 두고 정면으로 연마하므로 각도가 틀어지기 쉽습니다. 그립을 안정적으로 하고 속도를 늦추어 천천히 연마합니다.

9) 연마한 면이 전체적으로 회색빛을 띠는지 빛에 비춰 확인합니다.

10) 마지막으로 날 끝을 연마합니다.

11) 기본 그립을 유지하되, 날 끝을 연마할 때는 칼이 뒤로 들려 숫돌을 파고들지 않도록 주의합니다.

12) 날 끝을 포함해 전체 연마 면이 고르게 회색빛을 띠는지 확인합니다.

※ 카빙나이프를 연마할 때 숫돌 면에 날을 약 30도로 기울여 연마하면 연마 거리가 길어지기 때문에 균형을 잡기 쉽습니다. 날 뿌리는 정면으로 연마합니다.

**[STEP 2. 2면 저입도(#1000) 연마]**

반대쪽(2면) 연마는 다소 불편하게 느껴질 수 있습니다. 그립과 속도, 감각에 집중해 연마를 이어 갑니다.

1) 2면을 연마할 때는 날을 몸 쪽에서 앞으로 밀면서 연마합니다.

2) 2면의 날 중간을 연마합니다.

3) 2면의 날 뿌리를 연마합니다.

4) 2면의 날 끝을 연마합니다.

5) 전체 연마 면이 고르게 회색빛을 띠는지 확인하고, 손끝으로 반대쪽으로 넘어간 거스러미를 확인합니다. 가볍게 숫돌에 문질러 거스러미를 제거합니다.

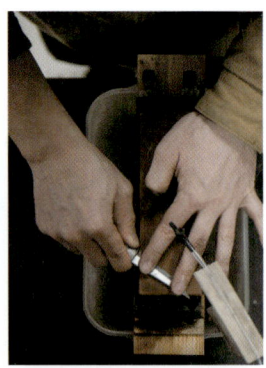

**[STEP 3. 고입도(#4000) 연마]**

고입도 숫돌에서 1면, 2면을 각각 연마합니다.

1) 2면 날 중간 고입도 연마

2) 2면 날 뿌리 고입도 연마

3) 2면 날 끝 고입도 연마

4) 1면 날 중간 고입도 연마

5) 1면 날 뿌리 고입도 연마

6) 1면 날 끝 고입도 연마

7) 고입도 연마가 끝나면 거스러미를 확인합니다. 1면에서 2면으로 넘어간 거스러미가 떨어지지 않는다면, 1면에서 제거해 봅니다. 양면을 10번 이상 연마했는데도 거스러미가 제거되지 않는 경우 다시 저입도 연마를 합니다.

8) 고입도 연마가 완료된 상태에서는 연마 표면 전체에 고른 광택이 생깁니다.

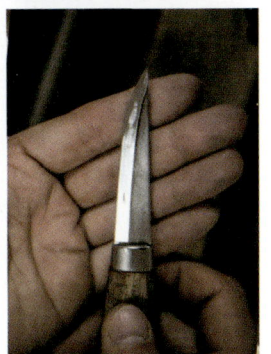

## [STEP 4. 스트로핑]

1) 가죽 스트롭에 광택제를 바르고 양날을 한 면씩 스트로핑 합니다. 스트로핑 할 때는 날 뿌리에서 날 끝까지 끊김없이 한 동작으로 이어서 합니다.

2) 연마가 끝나면 방청윤활제를 가볍게 뿌리고 닦아 녹이 슬지 않도록 관리합니다.

3) 테스트 컷을 해 보았을 때 절삭면이 깨끗하고 광택이 나면 연마가 잘된 상태입니다.

4) 연마를 마친 카빙 나이프.

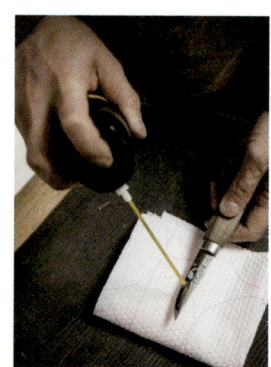

## 4) 스플리팅 나이프(양날) 연마하기

### [STEP 1. 저입도(#1000) 연마]

스플리팅 나이프도 양날 칼이며, 가운데 날을 두고 양쪽으로 자루가 달려 있습니다.

1) 날 중간에서 자루 근처까지는 사선으로 연마하면 균형을 잡기 쉽습니다.

2) 연마가 어려운 한쪽 날 뿌리는 칼 방향을 반대로 돌려 연마합니다. 연마 시에 주로 사용하는 손이 바뀌므로 균형 잡기가 어려워집니다. 날 각이 틀어지지 않도록 속도를 줄여 천천히 연마합니다.

3) 스플리팅 나이프는 양손으로 자루를 잡고 연마하기 때문에 날을 직접 잡을 때보다 감각이 둔할 수 있습니다. 자루의 좁은 모서리를 잡아 손끝 감각을 예민하게 유지합니다.

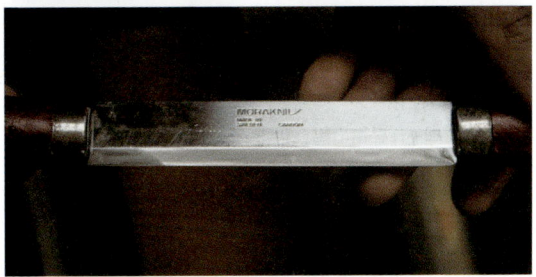

4) 칼을 뒤집어 반대쪽 면도 같은 그립으로 연마합니다.

5) 전체 연마 면이 고르게 회색빛을 띠는지 확인하고, 손끝으로 반대쪽으로 넘어간 거스러미를 확인합니다. 가볍게 숫돌에 문질러 거스러미를 제거합니다.

### [STEP 2. 고입도(#4000) 연마]

고입도에서도 양날을 한 면씩 연마합니다.

1) 날 중간에서 자루 부근까지 사선으로 연마합니다.

2) 연마가 어려운 한쪽 날 뿌리는 방향을 반대로 돌려 연마합니다.

3) 칼을 뒤집어 반대쪽 면도 같은 그립으로 연마합니다.

4) 고입도 연마가 끝나면 거스러미를 확인합니다. 1면에서 2면으로 넘어간 거스러미가 떨어지지 않는다면, 1면에서 제거해 봅니다. 양면을 10번 이상 연마했는데도 거스러미가 제거되지 않는 경우 다시 저입도 연마를 합니다.

5) 거스러미를 제거할 때는 손끝으로 날을 눌러 더 가볍고 예민하게 균형을 잡으며 작업합니다.

### [STEP 3. 스트로핑]

1) 가죽 스트롭에 광택제를 바르고 양날을 한 면씩 스트로핑합니다. 스트로핑 할 때는 시작에서 끝까지 동작을 이어서 합니다.

2) 연마를 마친 스플리팅 나이프.

## 5) 도끼(양날) 연마하기

### [STEP 1. Medium grit(#400) 연마]

도끼로 블랭크를 만들 때는 많은 양의 나무를 베어 내므로 날이 항상 예리한 상태를 유지해야 안전하게 작업할 수 있습니다.

1) 카빙용 도끼는 양날이며 베어 내기에 적합하도록 곡선형으로 되어 있습니다. 또한 무게가 있어 도끼날을 바닥에 놓고 숫돌을 날 위에 올려 연마합니다. 왼손은 도끼 자루를 받쳐 고정하고 오른손으로 #400 휴대용 다이아몬드 숫돌을 잡습니다.

2) 숫돌이 도끼 날면에 정확히 밀착되도록 각도를 맞춥니다.

3) 날면에 물을 약간 묻히고 숫돌을 앞뒤로 움직이며 연마합니다.

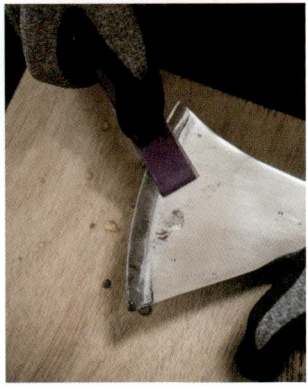

4) 도끼를 뒤집어 반대쪽 면도 같은 방식으로 연마합니다.

5) 1면 연마를 마친 상태. 전체 연마 면이 고르게 회색빛을 띠는지 확인합니다.

6) 2면 연마가 끝난 상태. 양면을 모두 연마한 후, 손끝으로 반대쪽으로 넘어간 거스러미를 확인하고 숫돌로 가볍게 문질러 제거합니다.

※ 일반적으로 도끼는 직선 절삭 방식이며 곡면 절삭은 드뭅니다. 그러므로 날 각이 둥글지 않고 곧게 연마되어 있어야 절삭 시 날이 튀는 현상이 줄고 각도 유지도 쉬워집니다.

### [STEP 2. Fine grit(#600) 연마]

#600 휴대용 다이아몬드 숫돌로 양날을 한 면씩 연마합니다.

1) 날에 물을 약간 묻혀 1면을 연마합니다.

2) 도끼를 뒤집어 반대쪽 면도 같은 방식으로 연마합니다. 면이 고르게 연마되었는지 빛에 비춰 확인하고, 손끝으로 반대쪽으로 넘어간 거스러미를 숫돌로 가볍게 문질러 제거합니다.

 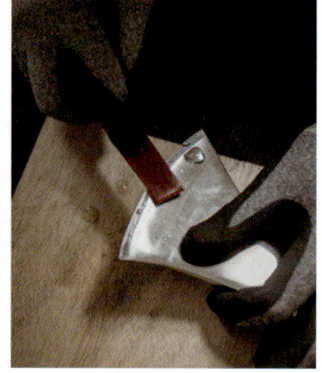

## [STEP 3. Super fine grit(#1200) 연마]

#1200휴대용 다이아몬드 숫돌로 양날을 한 면씩 연마합니다.

1) 날에 물을 약간 묻혀 1면을 연마합니다.

2) 도끼를 뒤집어 반대쪽 면도 같은 방식으로 연마합니다. 면이 고르게 연마되었는지 빛에 비춰 확인하고, 손끝으로 반대쪽으로 넘어간 거스러미를 숫돌로 가볍게 문질러 제거합니다.

3) 1면 연마를 마친 상태.

4) 2면 연마를 마친 상태.

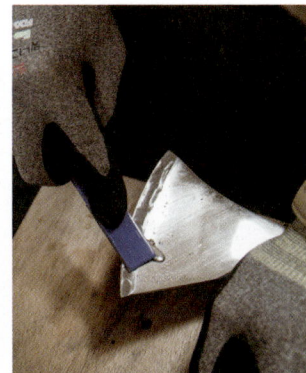

## [STEP 4. 스트로핑]

1) 가죽 스트롭에 광택제를 바르고 도끼를 바닥에 둔 채 각 면을 스트로핑합니다.

2) 면이 고르게 연마되었는지 빛에 비춰 확인하고, 손끝으로 반대쪽으로 넘어간 거스러미를 확인하여 제거합니다.

3) 테스트 컷을 해 보았을 때 절삭면이 깨끗하고 광택이 나면 연마가 잘된 상태입니다.

4) 연마를 마친 도끼.

※ 날이 깨지지 않았다면 외날 칼과 마찬가지로 한 면만 재연마합니다. #600 → #1200 다이아몬드 숫돌로 연마하고 반대편에서는 거스러미만 제거한 뒤 스트로핑으로 마무리합니다.

- 도끼의 종류와 재조정: 도끼는 크게 쪼개기용과 베어 내기용으로 나뉩니다. 쪼개기용 도끼는 날 각이 크고 두꺼워, 나무를 벌리며 쉽게 쪼개고 내구성이 좋습니다. 반면 베어 내기용 도끼는 쪼개기용 보다 날이 저각이라 중심을 잡기 쉬워 섬세하고 정밀한 작업에 적합합니다.

카빙용 베어 내기 도끼는 10~30만원대로 다소 고가입니다. 그래서 저렴한 장작용 도끼를 구매해 날 각을 저각으로 재조정해 사용하는 것도 좋은 선택입니다. 다만, 저가형 도끼는 날 끝이 얇은 편이라 양쪽 모두를 저각으로 만들면 내구성이 약해질 수 있습니다. 이럴 경우 한쪽 면은 저각, 반대쪽 면은 고각으로 다듬어

비대칭 양날로 만들면 좋습니다. 저각 날은 나무를 베어 내는 데 사용하고, 고각 날은 날 전체의 내구성을 높이는 역할을 합니다. 오른손잡이 기준으로는 나무에 닿는 왼쪽 날면을 저각이 되도록 조정합니다.

- 숫돌 선택과 대안: 도끼 연마에는 손에 쥐기 쉬운 휴대용 다이아몬드 숫돌이 적합합니다. 만약 휴대용 숫돌이 없다면, 도끼를 클램프 등으로 단단히 고정한 후 다른 양날 칼과 마찬가지 방식으로 물숫돌(#1000 → #4000)로 연마와 스트로핑을 할 수 있습니다. 시중에 판매되는 도끼용 양면 원형 숫돌은 크기가 작아 휴대용으로 편리하지만, 입도가 낮아 베어 내기용 도끼처럼 정밀한 연마에는 적합하지 않습니다. 주로 쪼개기용 도끼 연마에 사용하는 것이 더 알맞습니다.

## ▪ 다양한 연마법

기본적인 연마는 저입도에서 고입도로 올라가며 진행하고 스트로핑으로 마무리합니다. 날이 무뎌졌을 땐 이 순서를 반복하는 것으로도 날을 예리하게 유지할 수 있습니다. 하지만 카빙을 하다 보면 날이 깨지거나 연마 과정에서 날 각이 무너져 고각 또는 저각이 되는 일이 생기기도 합니다. 이럴 때 적용할 수 있는 연마법을 아래에 소개합니다.

- 날이 깨졌을 때

: 날이 깨졌다면, 가장 깊이 깨진 지점까지 다시 연마해 날을 복구해야 합니다.

1) #250~#400 저입도 숫돌 연마: #400 이하 저입도 숫돌로 깨진 부위를 연마해 없앱니다. 배파기용 전동공구 없이도 가능하지만, 작업 속도가 느리고 중심이 틀어질 경우 날이 둥글어질 수 있으므로 주의가 필요합니다.

2) 건식 그라인더 사용: 원래 날 형태를 유지하며 깨진 부분까지 갈아 낸 뒤, 날 각도 시작점과 날 끝 사이를 배파기합니다. 이후 숫돌 연마로 마무리합니다. 작업 난이도는 다소 높지만, 가장 빠르게 복구할 수 있는 방법입니다.

3) 습식 그라인더 사용: 원래 날 형태를 유지하며 깨진 부분까지 갈아 낸 뒤, 날물 형태에 맞는 지그를 사용해 배파기를 합니다. 배파기 후 숫돌로 연마를 합니다. 습식 그라인더 전용 지그가 필요합니다.

### - 날 각도 수정이 필요할 때

: 날이 너무 둥글어졌거나 너무 저각이 되었을 경우 날 각도를 다시 설정해야 합니다.

1) 호닝 가이드 사용: 나이프, 도끼 등 다양한 날물 연마에 맞는 호닝 가이드를 사용해서 날 각을 수정합니다.

2) 건식 그라인더 사용: 그라인더로 날 각도를 수정하고 배파기한 뒤 숫돌 연마로 마무리합니다.

3) 습식 그라인더 사용: 지그를 사용해 날 각도를 수정하고 배파기한 뒤 숫돌 연마로 마무리합니다.

### - 연마 경험에서 정리된 방법들

연마 방식은 사용하는 도구와 작업 환경, 손의 감각에 따라 달라질 수 있습니다. 처음에는 여러 방법을 시도하며 시행착오를 겪지만, 점차 자신에게 맞는 방식을 찾고 발전시키게 됩니다. 여기에 소개하는 내용은 그동안의 연마 경험을 바탕으로 현재 작업에 적용하고 있는 방법입니다.

1) 건식 그라인더로 날 각도 설정 및 배파기: 환도, 도끼, 대패 등의 날 각도를 설정하고 배파기 할 때는 건식 그라인더를 사용합니다. 지그가 없기 때문에 처음에는 날 각도 설정과 배파기가 어렵게 느껴질 수 있지만, 익숙해지면 작업 속도가 매우 빨라집니다.

2) 다이아몬드 숫돌 / 물숫돌로 연마: 날 각도 설정과 배파기를 마친 뒤, 숫돌을 사용해 연마합니다. 앞서 서술한 기본적인 숫돌 사용 순서, 날물 그립 원리, 날물 특성에 맞춰 작업을 이어 갑니다.

3) 습식 그라인더로 스트로핑: 숫돌 연마 후에는 습식 그라인더에 장착한 가죽 스트롭 휠에 광택제를 바르고 스트로핑하여 마무리합니다.

4) 핸드피스와 물숫돌 활용: 카빙 나이프, 스플리팅 나이프처럼 날이 얇고 연마 면적이 작은 도구는 핸드피스로 배파기를 한 후, 숫돌 연마로 마무리합니다.

5) 날이 깨졌을 때: 건식 그라인더로 원래 날 형태를 유지하며 깨진 부분까지 갈아 낸 뒤, 배파기와 숫돌 연마합니다.

6) 습식 그라인더 지그 사용: 날물이 심하게 깨져 배파기만으로는 기존 날 각도를 유지하기 힘들 때, 습식 그라인더의 지그를 활용하여 날 각도를 다시 조정합니다.

### ▪ 작업 돌아보기

위에서 소개한 방법 외에도 연마에 사용되는 기계와 지그, 연마 방식은 매우 다양합니다. 어떤 방식을 선택하든 연마의 기본 원리와 최적 조건을 이해하고, 자신의 작업 환경에 맞춰 다양한 방식을 시도해 보시길 권합니다.

연마는 날물을 사용하는 데 있어 반드시 거쳐야 하는 과정입니다. 처음에는 낯설고 어렵게 느껴질 수 있지만 연마 작업은 손의 감각을 기르고, 나와 도구 사이의 관계를 깊게 만들어 줍니다. 같은 모양의 칼이나 끌이라도, 연마를 거친 날을 보면 '이건 내 것이구나' 하고 알아보게 됩니다. 손에 익은 도구에는 자연스럽게 정이 들고, 더 조심스럽고 소중하게 다루게 됩니다.

연마를 잘하면 도구도, 작업도, 결과물도 달라집니다. 잘 깎으려면 잘 갈아야 한다는 사실을 경험하고 나면, 연마에 임하는 마음도 달라질 것입니다. 연마는 결과물을 위한 준비 과정이면서도, 때로는 그 자체로 만족스런 작업이 되기도 합니다. 차분히 날을 갈며 작업의 흐름을 정돈하고 내면의 리듬을 되찾아 가다 보면, 도구와 나무를 대하는 태도도 조금씩 달라질 것입니다.

# 버터나이프

잼이나 버터를 빵에 퍼 바르는 버터나이프는 초심자에게 가장 적합한 우드카빙 목물입니다. 기본 도구인 도끼와 카빙 나이프만으로 제작할 수 있고, 크기도 작아 작업량이 적으며, 무엇보다 제결을 읽기 쉬운 단순한 형태를 가지고 있습니다. 이전 챕터에서 연습한 나이프 그립이 익숙해졌다면, 이번에는 작업 과정을 참고하면서 스스로 그립법을 선택해 보세요. 자율적이고 적극적인 작업 태도는 작업을 꾸준히, 그리고 즐겁게 이어 가게 만드는 원동력이 됩니다.

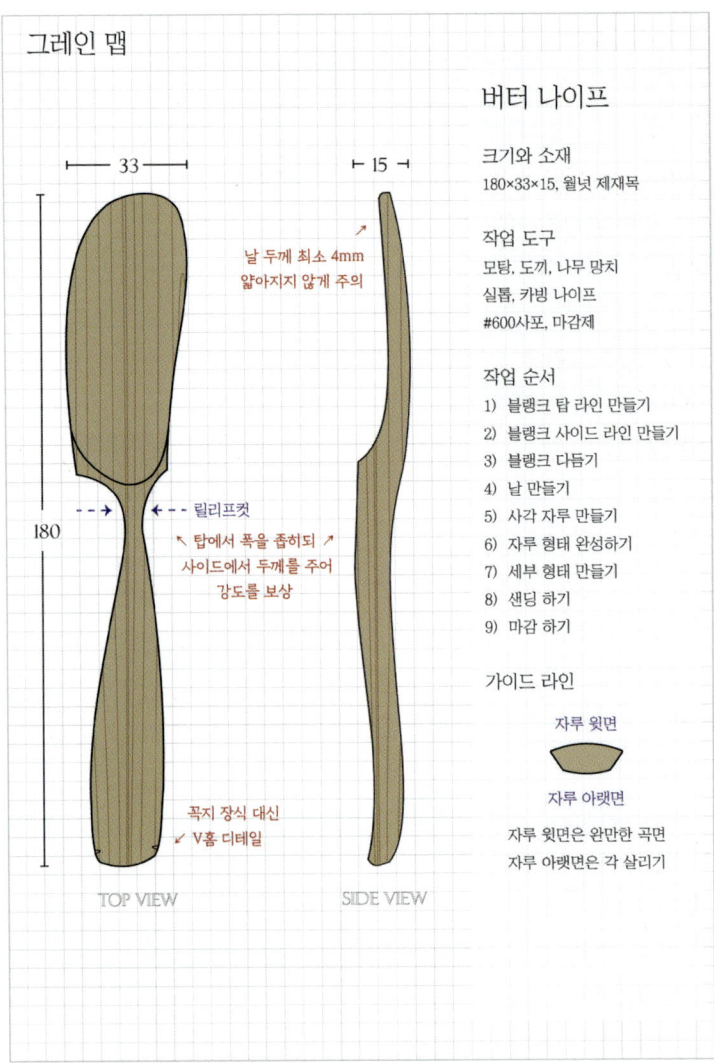

- ## 디자인하기

버터나이프는 버터를 발라 먹을 수 있도록 날에 각을 세워 예리하게 디자인합니다. 반면, 잼 스프레더는 잼 통의 크기나 입구 지름 등을 고려해 날을 좁고 납작하게 만드는 것이 좋습니다. 두 도구 모두 잼을 바를 때 자루와 날이 연결되는 '목' 부분에 힘이 집중되기 때문에 적정한 두께를 확보하여 부러지지 않도록 설계해야 합니다.

- **작업 과정**

### [STEP 1. 블랭크 탑 라인 만들기]

1) 판재 양면의 결과 색을 살펴 윗면을 정한 뒤, 탑 라인을 그립니다. 먹지를 이용해 원본 도면을 그대로 옮기거나, 종이에 도면을 복제해 템플릿을 따라 그립니다. 원본 도면은 제작 중 계속 참고해야 하므로, 작업이 끝날 때까지 보관합니다.

2) 탑 라인을 그렸다면, 길이 방향으로 약 30mm, 폭 방향으로 약 10mm 여유를 두고 쪼개질 부분에 분리선을 표시합니다. 도면 방향으로 파고들지 않도록 주의하며 도끼로 쪼갭니다.

3) 부재가 분리된 뒤에는 제결이 만나는 지점을 톱으로 끊는 릴리프 컷을 합니다. 미리 결을 끊어 놓으면 엇결로 힘이 가해지는 것을 방지할 수 있습니다. 외형선에서 약 3mm 남겨 둔 지점까지 톱질을 하고 나머지 정리는 이후 과정에서 합니다.

4) — 5) 이제 도끼로 탑 라인을 깎습니다. 먼저 베어 내기로 살을 덜어 내고 이후 저미기로 면을 평평하게 정리하면 탑 라인이 더 정확하게 보입니다. 작업은 형태가 완만하고 손을 지지하기 쉬운 위치부터 시작해 점점 더 까

다로운 부위로 천천히 진행하는 것이 좋습니다. 도끼로 작업이 어렵다면 다른 도구로 마무리할 수 있기 때문입니다.

※ 날 긴 쪽 → 자루 안쪽 → 자루 바깥쪽 → 날 짧은 쪽 순으로 작업

6) 도끼가 나뭇밥 사이에 끼면 도끼를 제껴 나뭇밥을 꺾어 냅니다.

7) 자루 끝은 여유를 남겨 부재를 잡을 때 지지용으로 활용합니다.

8) 날 끝처럼 결이 직각인 부분은 도끼로 깎기 어려우므로 톱이나 칼로 정리하거나, 모양을 간단히 다듬는 선에서 마무리합니다.

## [STEP 2. 블랭크 사이드 라인 만들기]

1) 사이드 라인은 템플릿을 대고 옮기기보다, 도면을 참고해 날과 자루 부분으로 나누어 직접 부재에 그리는 방식이 작업하기 쉽습니다. 사이드 라인은 블랭크의 최종 두께를 결정하는 기준이 되며, 실제 두께보다 약간 여유를 두고 도끼로 깎는 것이 안전합니다.

2) 먼저 지지하기 쉬운 날 아랫면을 깎습니다. 작업 순서를 정할 때는 '부재를 안전하게 지지할 수 있는가'를 먼저 고려합니다. 예를 들어, 날을 먼저 얇게 만들고 자루를 만들 경우 모탕에 날을 지지한 상태로 힘이 가해져 날이 쪼개지거나 끝이 뭉개질 수 있습니다. 따라서 작업은 두꺼운 부분부터 얇은 부분으로, 지지하기 쉬운 곳부터 까다로운 곳으로 진행하는 것이 좋습니다.

3) — 4) 다음은 자루 아랫면을 깎습니다. 이때 도끼와 손이 점점 가까워지므로, 도끼질의 정확도와 손의 위치에 특히 주의합니다.

5) 자루 앞면을 깎기 전 자루 중간 제결 경계 지점을 릴리프 컷 합니다.

6) — 7) 릴리프 컷 지점을 기준으로 각각 한 면씩 사이드 라인에 맞추어 깎습니다.

8) — 9) 마지막으로 날 앞

면을 깎습니다. 이때는 도끼날과 부재가 이루는 각도가 매우 작기 때문에 정밀한 조절이 필요합니다. 너무 많이 깎으면 날 끝이 깨지거나 카빙 나이프로 마무리할 여유분 없이 얇아질 수 있으니 최종 두께는 약 5mm 정도로 남겨 두는 것이 좋습니다.

### [STEP 3. 블랭크 다듬기]

1) 도끼로 블랭크를 대략적으로 만들었습니다. 형태를 더 정확하게 잡기 위해 템플릿을 올려 탑 라인을 다시 그립니다.

2) 날 끝 부분은 카빙 나이프로 깎아 모양을 완성합니다. **캔 오프너 그립, 섬 그립**을 사용하면 탑 라인을 보면서 깎을 수 있습니다.

3) 자루 끝 여유분은 톱으로 잘라 냅니다.

4) 잘라 낸 끝 부분이 두껍기 때문에, 사이드 라인을 다시 그려서 도끼로 깎아 두께를 맞춥니다.

5) 블랭크 윗면.

6) 블랭크 옆면. 모양이 균형 있게 정리되었는지 확인합니다.

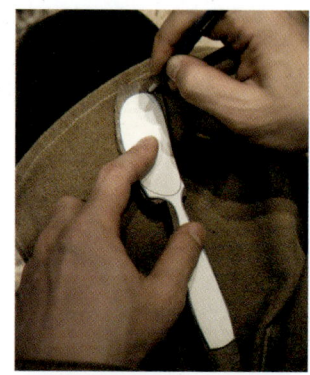

## [STEP 4. 날 만들기]

버터나이프의 날 면은 넓고 평평하기 때문에 카빙 나이프로 깎기가 생각보다 어렵습니다. 한 번에 많은 양을 깎으려 하면 두께를 일정하게 유지하기 어렵고, 불필요한 힘이 들어가 작업이 거칠어질 수 있습니다. 따라서 베어 내기 원리를 최대한 활용해야 합니다.

1) 먼저 날 앞면을 깎습니다. 처음에는 **니 그립, 시저 그립**처럼 힘이 실리는 그립으로 날의 두께를 대략 맞춥니다.

2) 이후에는 **섬 푸시, 크로스 섬 그립** 등 섬세한 그립을 사용해 면을 정리합니다.

3) — 4) 날 윗면에서 옆면으로 넘어가는 모서리에 가이드 라인을 그리고 둥글게 깎아 주면, 날 외곽 라인이 자연스럽게 형성됩니다.

5) — 6) 모서리를 둥글게 깎은 상태에서 날 윗면을 **섬 그립**으로 다듬어 날의 테두리 선을 깔끔하게 정리합니다.

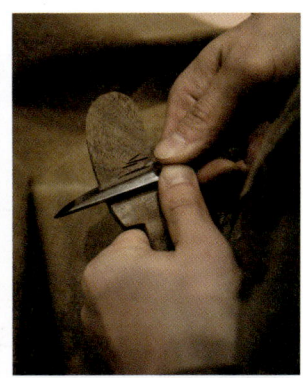

**[STEP 5. 사각 자루 만들기]**

자루 최종 형태를 깎기 전에 탑, 사이드 라인을 깎아 사각형 자루를 만듭니다.

1) 블랭크에 자루 탑 라인을 그립니다.

2) — 3) 탑 라인을 섬세하고 정확하게 깎을 수 있는 **크로스드 섬 그립, 가이드 풀 그립, 캔 오프너 그립**을 사용합니다.

4) — 5) 탑 라인 작업이 끝났다면 사이드 라인을 그리고 다시 깎습니다. 탑 라인을 깎을 때보다 면을 넓고 평평하게 깎기 때문에 **니 그립, 가이디드 풀 그립** 등 보다 힘 있는 그립을 사용합니다.

6) — 7) 자루 탑, 사이드 라인을 다듬은 상태. 이렇게 정리하고 나면 마구리에서 보았을 때 자루는 사각형 형태를 띠게 됩니다.

## [STEP 6. 자루 형태 완성하기]

사각 자루가 만들어졌다면, 자루 모서리를 깎아 최종 형태를 만듭니다. 이 작업을 통해 자루의 각 면에 입체감을 부여하고, 손에 쥐었을 때 편안한 그립감을 만들어 냅니다.

1) — 2) 자루 윗면과 옆면, 아랫면에 가이드 라인을 그립니다.

3) — 4) 자루 아랫면은 **섬 그립, 가이디드 풀 그립**을 활용해 각을 살려 깎습니다.

5) — 6) 자루 윗면은 **섬 그립, 크로스드 섬 그립**으로 둥글게 깎습니다.

형태를 잡을 때는 모서리를 하나씩 깎아 가는 것이 비율과 대칭을 파악하기에 효과적입니다. 눈으로 보기에 형태가 잘 잡혔다면, 자루를 직접 쥐어 보며 실제 사용감을 확인하는 과정이 필요합니다. 손에 잘 잡히는지, 거슬리는 부분은 없는지 점검하면서 형태를 마무리합니다.

## [STEP 7. 세부 형태 만들기]

전체적인 형태가 잡히면 부족한 부분을 마무리하며 완성도를 높이는 작업이 필요합니다.

1) 자루 끝은 자칫 마무리를 놓치기 쉬운 부분입니다. 톱으로 잘린 단면 상태로 두지 말고 **섬 스큐 그립**, **섬 그립**으로 깨끗하게 깎습니다.

2) — 3) 자루가 납작한 디자인이어서 입체적인 꼭지 장식 대신 작은 V홈을 넣어 포인트를 주었습니다. 다양한 꼭지 장식을 적용해 보세요.

4) 버터나이프 앞면.

5) 버터나이프 뒷면. 도끼와 카빙 나이프만으로 완성한 버터나이프! 비대칭 날이 재밌습니다.

**[STEP 8. 샌딩하기]**

1) #600 사포로 나뭇결 방향을 따라 가볍게 문질러 표면을 정리합니다.

2) 샌딩을 너무 많이 하면 카빙 나이프로 남긴 툴마크가 희미해질 수 있으므로, 툴마크가 은은하게 보일 정도까지만 표면을 샌딩합니다. 모서리 부분은 맨손으로 만졌을 때 날카롭지 않을 정도로 가볍게 하면 충분합니다.

**[STEP 9. 마감하기]**

1) 도마용 미네랄 오일을 목물 전체에 골고루 발라 스며들도록 합니다.

2) 충분히 흡수된 후에는 컨디셔너로 마무리해 표면을 보호하고 은은한 윤기를 더해 줍니다.

- **마감하기**

목물을 완성했다면 마지막으로 마감 과정을 거치는 것이 중요합니다. 나무는 본래 수분을 좋아하는 성질을 지니고 있어, 사용 환경에 따라 수축과 팽창을 반복하게 됩니다. 나무가 베어진 직후에는 관다발 속 수분이 먼저 빠지고, 이후 세포 내 수분도 증발하면서 점차 수축합니다. 함수율이 매우 낮은 상태로 건조된 나무라 하더라도, 물이 지속적으로 닿으면 수분을 흡수하며 미세하게 팽창하고, 건조한 환경에서는 다시 수분을 잃으며 수축하게 됩니다. 이러한 반복적인 수분 변화는 균열, 휨, 비틀림과 같은 변형의 원인이 될 수 있으므로, 이를 줄이기 위해 마감을 통해 수분 변화를 최소화해야 합니다. 또한 마감을 하면 나무 고유의 색과 결이 선명하게 드러납니다. 이처럼 목물의 쓰임과 나무의 특성에 따라 그에 알맞은 마감제를 선택해 마감하는 것이 중요합니다.

- **마감제의 종류**

마감제는 크게 두 종류로 나뉘며 용도에 따라 선택할 수 있습니다.

- 도막형 마감제는 가구, 생활 소품에 주로 사용되며, 마감 후 24시간 이상 건조하면 표면에 단단한 도막이 형성되어 수분을 효과적으로 차단합니다. 단점은 마찰로 도막이 벗겨지면 전체를 제거한 후 재마감이 필요하단 점입니다.

- 침투성 마감제는 물에 자주 닿고 마찰이 잦은 식기류에 적합합니다. 오일이 나무 속으로 스며들어 유분과 수분의 반발 작용으로 수분 흡수를 줄여 주며, 표면에 도막이 형성되지 않기 때문에 마감이 간편합니다. 단, 마감 후 수분이 직접 닿는 목물 표면은 미세하게 팽창했다가 다시 건조되며 섬유질이 일어나는 결오름 현상이 생길 수 있습니다.

- **결오름 현상**

결오름 현상은 침투성 마감제를 사용할 때 필연적으로 발생하지만, 간단한 방법으로 관리할 수 있습니다. 수분에 닿은 나무가 마른 뒤 표면을 만져 보았을 때,

거스러미가 느껴진다면 고운 사포(#600)로 가볍게 샌딩해 제거합니다. 샌딩 후 다시 마감제를 발라 흡수시켜 주면 됩니다. 이 과정을 초도 마감 이후 2~3회 반복해 주면 점차 결오름은 사라지고 안정된 표면이 유지됩니다.

### ▪ 침투성 마감제와 함께 쓰는 컨디셔너

침투성 마감제는 도막형 마감제에 비해 표면 방수력이 약하다는 단점이 있습니다. 이를 보완하기 위해 천연 밀랍으로 만든 컨디셔너를 함께 사용하면 방수 효과를 높일 수 있습니다. 필요에 따라 컨디셔너를 목물 표면에 발라 밀랍을 얇게 입혀 주면 수분 흡수를 줄이고 자연스러운 광택과 촉감을 더해 줍니다. 미네랄 오일과 밀랍이 있으면 컨디셔너를 직접 만들 수 있습니다.

### ▪ 컨디셔너 만들기

1) 미네랄 오일과 천연 밀랍을 무게비 2:1로 준비합니다. 밀랍이 많을수록 방수는 좋아지지만 뻑뻑해서 바르기 어려워질 수 있습니다.

2) 그릇에 오일과 밀랍을 넣고, 냄비에 물을 받아 중탕으로 녹입니다.

3) 밀랍이 완전히 녹을 때까지 약한 불로 가열합니다.

4) 녹인 혼합물을 유리병이나 틴 케이스에 붓고 식혀 굳힙니다

5) 마감한 목물에 적당량을 헝겊에 묻혀 문지르며 바릅니다. 이때 마찰열이 나도록 문질러 주면 밀랍이 잘 펴지고 고르게 발립니다.

## ▪ 작업 돌아보기

　매직 완드에서 익힌 나이프 그립을 바탕으로, 보다 본격적인 목물을 만들어 보았습니다. 제결과 엇결의 차이를 몸소 느끼고 어떤 그립이 적절할지 스스로 선택하며 작업하는 과정 속에서 카빙의 즐거움과 고됨을 함께 느꼈으리라 생각합니다. 도끼와 카빙 나이프만으로 나무 토막을 쓸모 있는 목물로 완성해 낸 건 제법 대단한 일입니다. 도구가 많지 않아도 얼마든지 작업할 수 있다는 걸 확인했지만, 동시에 어딘가 힘에 부치고 아쉬운 부분도 느껴졌을지 모릅니다.

　카빙 나이프는 러프한 작업에서 세부 표현까지 아우르는 범용성 높은 도구입니다. 그러나 한 손만 사용하는 만큼 많은 양을 반복적으로 깎을 때는 피로도가 높고 곡선형 날이기 때문에 넓은 평면을 정리하는 것이 어렵습니다. 이러한 점은 스플리팅 나이프나 스포크 쉐이브처럼 양손으로 사용하고 면을 넓게 깎을 수 있는 도구로 보완할 수 있습니다. 예를 들어 블랭크의 최종 형태를 정리하거나, 버터나이프의 날 면을 평평하게 다듬을 때 활용하면 좋습니다. 다만 스플리팅 나이프는 날이 길고 곧아 오목한 곡면에는 잘 맞지 않고, 스포크 쉐이브는 일률적인 표면을 만들기 때문에 카빙 나이프로 만든 표면과는 다른 인상을 줍니다. 도구마다 형성하는 면과 쓰임이 다르므로, 한 가지 작업에서도 여러 도구를 적절히 조합해 보는 연습은 카빙 경험을 더욱 풍성하게 만들어 줄 것입니다.

# 머들러

머들러는 작업량은 적지만 완성도 있게 만들기엔 다소 까다로운 목물입니다. 가늘고 긴 자루와 넓고 납작한 날을 대칭적으로 다듬어야 하기 때문입니다. 카빙 나이프만으로도 제작할 수 있지만, 작업 효율을 높이기 위해 스포크 쉐이브를 함께 활용해 볼 수 있습니다. 두 도구는 특징과 장점이 뚜렷하게 다릅니다. 이번 실습에서는 같은 디자인의 머들러를 2개 만들어, 사용하는 도구와 마무리 방식에 따라 어떤 표현의 차이가 나타나는지 비교해 보겠습니다.

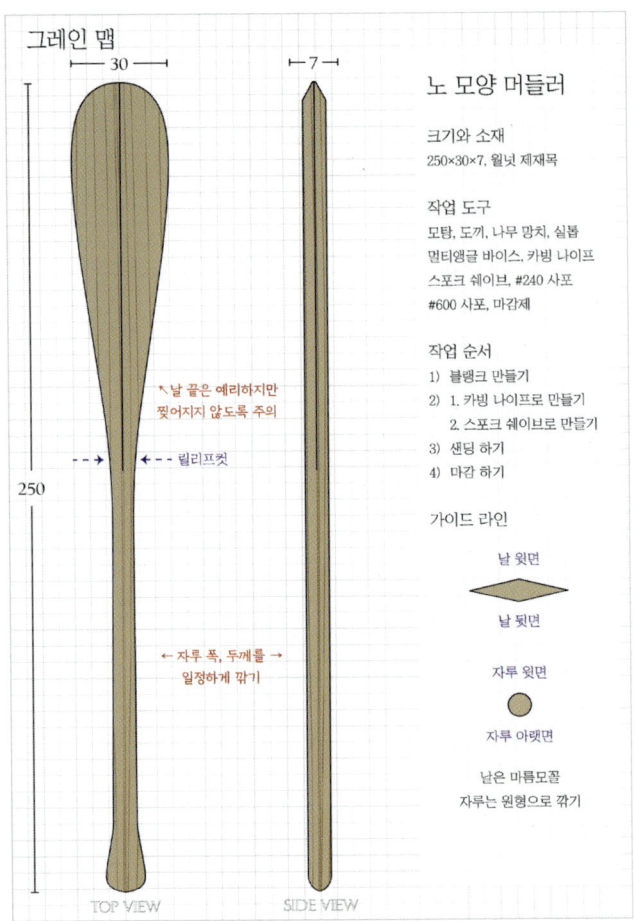

- **디자인하기**

머들러는 음료를 젓는 데 사용하는 막대입니다. 여름철 아이스 음료를 저을 때나 칵테일을 만들고 장식할 때 쓰입니다. 젓는 면을 스푼 형태로 만들면 티스푼처럼 활용할 수 있고, 꼭지 모양으로 깎으면 음료 안의 재료를 잘 풀어 섞을 수 있습니다. 노 모양 머들러는 젓는 면이 넓고 납작하며, 끝으로 갈수록 얇아져 계란을 풀거나 작은 볶음 주걱처럼 쓸 수 있는 형태입니다. 자루는 가늘고 길기 때문에 강도를 확보하려면 두께와 폭이 최소 6mm는 되어야 합니다. 이 기준을 맞췄더라도, 자루 중간에 옹이가 있으면 사용 중 부러질 수 있으므로 결 방향을 살펴 옹이가 걸리지 않도록 도면을 옮겨 그립니다.

- **작업 과정**

[STEP 1. 블랭크 만들기]

1) 이번 챕터에서는 완성된 목물을 비교하기 위해 블랭크를 2개 만듭니다. 템플릿을 이용해 판재에 도면을 2개 그립니다.

2) 도면 외곽선보다 약간 여유를 두고 도끼로 쪼개어 부재를 만듭니다.

3) 부재를 두께 방향으로 다시 쪼갭니다.

4) 두께가 약 12t가 되도록 깎아 냅니다. 도끼 자루를 오른손 전체로 쥐면 큰 힘으로 면을 넓고 평평하게 깎아 낼 수 있습니다.

5) 날과 자루가 이어지는 목 부분은 릴리프 컷 합니다.

6) — 7) **베어 내기 그립**으로 자루와 날의 탑 라인을 만듭니다. 부재를 지지한 왼손 위치에 유의합니다.

8) — 9) 머들러는 전체적으로 날씬한 형태이므로 도끼로 섬세한 마무리가 어렵습니다. 정리가 필요한 부분은 카빙 나이프로 깎아 만듭니다.

## [STEP 2-1. 카빙 나이프로 만들기]

카빙 나이프로 날과 자루를 나누어 깎아 전체 형태를 만듭니다.

1) 날과 자루 중심부에 가이드 라인을 그립니다. 이 라인은 목물에서 가장 높은 지점이 되며, 깎아먹으면 형태가 움푹 들어가거나 두께가 달라질 수 있습니다. 라인이 지워지면 제자리에 다시 그려가며 작업을 이어 갑니다.

2) ─ 3) 날 부분은 **니 그립, 가이디드 풀 그립, 섬 푸시 그립**을 활용하여 넓고 평평하게 깎습니다. 형태를 여러 각도에서 확인합니다. 윗면에서는 중심선이 곧게 되었는지, 마구리면에서는 양날의 경사가 대칭으로 일정한지 살펴봅니다.

4) ─ 5) 자루는 폭과 두께를 약 7mm로 곧게 깎습니다.

※ 자루를 깎을 때는 결 방향을 잘 살펴야 합니다. 자루 중간은 곧은 형태라 이론상 제결이 양방향으로 나타납니다. 관다발 배열이 한쪽으로 치우치지 않고 평행하게 되어 있기 때문입니다. 하지만 실제 블랭크에서는 한 방향으로 제결이 나타나는 경우가 많으므로, 깎는 감각과 눈매로 제결을 파악하며 깎아 갑니다. 또

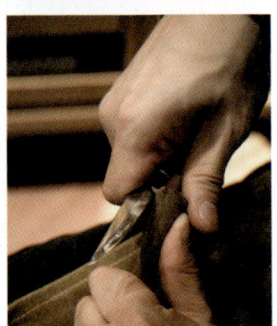

한 자루는 강도를 유지할 최소 두께로 디자인되어 있어, 엇결로 인해 뜯기지 않도록 주의합니다.

6) — 7) 전체 형태가 만들어지면 부족한 부분을 꼼꼼히 다듬고 외형선을 정리합니다. 특히 양날이 만나는 모서리는 지나치게 날카로우면 찢어질 수 있으므로 모따기해 약간의 두께를 줍니다.

## ▪ 스포크 쉐이브로 만들기

 스포크 쉐이브는 스푼 볼 뒤쪽의 볼록한 곡면이나, 칼로 다듬기 어려운 평평하고 넓은 면을 깎기에 적합한 도구입니다. 날이 일정한 깊이로 파고들기 때문에 반복 작업에 특히 유용합니다.

 몸통 양쪽으로 자루가 나와 있어 양손으로 파지해 사용하며, 본체에는 날이 물려 있습니다. 대패를 뒤집어 보면 대패입에서 날이 살짝 튀어나와 있는 것이 보이는데, 이 날이 너무 많이 나오면 절삭량은 늘지만 저항도 커집니다. 보통 0.2mm정도 날이 나오도록 세팅하고, 캡 아이언(혹은 덧날)을 어미날에 가까이 붙여 주면 마감 컷에 적당한 세팅이 됩니다. 작업 전 연습용 부재를 깎아 보면서 저항감과 표면 상태를 확인하며 세팅을 조절합니다.

## ▪ 스포크 쉐이브 쓰는 법

### 1. 당겨 깎기

대패 날이 몸을 향하도록 잡고 캡 아이언 위에 양손 엄지를 올립니다. 양손 검지는 뒤로 넘겨 대패를 받치고 나머지 손가락으로 자루를 감싸 무게를 지탱합니다. 부재 모서리에 대패 날과 대패입이 동시에 닿도록 접촉한 뒤, 앞

으로 가볍게 당깁니다. 나뭇밥이 나오지 않으면 대패를 살짝 눕히거나 세워 가며 각도를 조절합니다. 미세한 각도 변화만으로도 깎임 정도가 크게 달라집니다.

## 2. 밀어 깎기

대패 날이 몸 밖으로 나가도록 잡고 캡 아이언 위에 양손 검지를 올립니다. 양손 엄지는 자루가 시작되는 오목한 면에 대고 나머지 손가락으로 자루를 감싸 무게를 지탱합니다. 당길 때보다 각을 더 세운다는 느낌으로 부재 모서리에 대패를 대고 앞으로 밀어 줍니다.

※ 사진 속 스포크 쉐이브는 일반 스포크 쉐이브보다 크기가 작은 미니어처 스포크 쉐이브입니다. 손의 모양이나 파지 방식이 일반형과는 조금 다를 수 있습니다.

### [STEP 2-2. 스포크 쉐이브로 만들기]

1) — 2) 스포크 쉐이브는 일정한 양을 반복적으로 깎기에는 좋지만, 한 번에 많은 양을 깎기는 어렵습니다. 따라서 날과 자루의 살을 먼저 **가이디드 풀 그립, 니 그립**을 활용해 카빙 나이프로 약간 덜어 낸 뒤, 스포크 쉐이브로 마무리하는 것이 효율적입니다.

3) — 4) 스포크 쉐이브는 양손 도구이기 때문에 목물을 고정한 상태에서 작업합니다. 멀티앵글 바이스에 자루를 물리고 날을 먼저 깎습니다. 제결에 따라 당겨 깎기와 밀어 깎기를 병행합니다.

5) — 6) 자루를 깎기 위해 이번에는 바이스에 날을 고정합니다. 이미 날이 완성된 상태이므로 바이스 자국이 남지 않도록 날면에 도톰한 천이나 가죽을 감싸 고정합니다. 자루 역시 제결에 맞춰 당겨 깎거나 밀어 깎습니다.

7) — 8) 날 끝과 자루 끝은 관다발의 입구가 드러나는 마구리면입니다. 결 방향 면에 비해 단단하기 때문에 스포크 쉐이브보다 유연하게 절삭할 수 있는 카빙 나이프로 다듬는 것이 적합합니다.

## [STEP 3. 샌딩하기]

1) — 2) 카빙 나이프로 깎은 목물(좌)은 툴마크가 표면에 남고, 스포크 쉐이브로 마무리한 목물(우)은 요철 없이 비교적 평탄한 면이 나타납니다. 카빙 나이프로 만든 목물은 #600 사포로 가볍게 샌딩해 표면의 질감을 살립니다. 스포크 쉐이브로 마무리한 목물은 #240 사포로 샌딩해 표면을 요철 없이 매끈하게 샌딩하고 #600 사포로 마무리합니다.

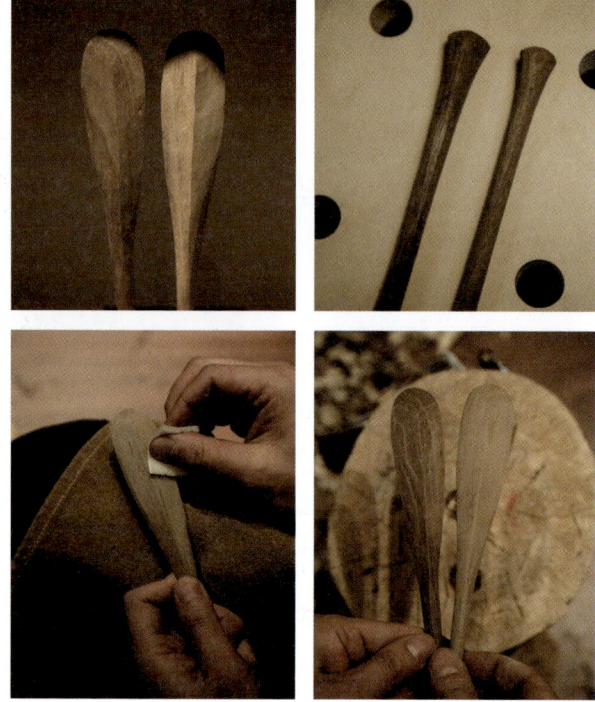

※ 사포 번호는 거칠기를 의미합니다. 숫자가 낮을수록 입자가 거칠고 연삭량이 많으며, 숫자가 높을수록 입자가 곱고 최종 마무리에 적합합니다.

3) 샌딩은 나무 표면에 고르게 스크래치를 내는 과정입니다. 따라서 결 방향으로 나야 표면에 자연스럽게 묻힙니다. 결 직각으로 샌딩하지 않도록 주의합니다.

4) [좌]카빙 나이프로 마무리하고 샌딩한 목물, [우]스포크 쉐이브로 마무리하고 샌딩한 목물. 두 도구의 표면 결과를 비교해 보세요.

## [STEP 4. 마감하기]

1) 마감 전에 목물 표면에 남은 먼지를 털어 내고 미네랄 오일로 마감합니다.

2) 추가로 컨디셔너를 바르고 부드럽게 문질러 흡수시킵니다.

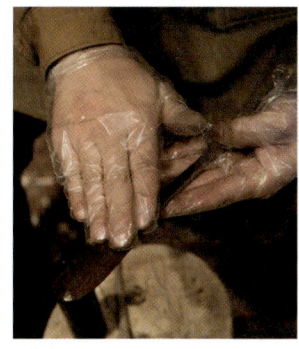 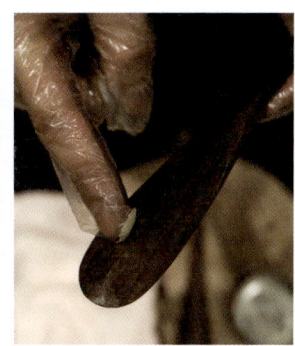

### ▪ 작업 돌아보기

이번 과제에서는 카빙 나이프와 스포크 쉐이브, 두 가지 도구를 사용해 동일한 디자인의 머들러를 만들고 각각에 맞게 샌딩했습니다. 카빙 나이프로 만든 머들러는 툴마크를 살리기 위해 최소한으로 샌딩했고 스포크 쉐이브로 만든 머들러는 두 단계에 걸쳐 매끈하게 샌딩했습니다. 그 결과, 같은 디자인이라도 전혀 다른 개성을 가진 목물이 완성되습니다. 만약 카빙 나이프로 만든 머들러의 툴마크를 모두 지우려 했다면, 훨씬 많은 시간이 필요했을 것입니다. 사포는 날로 깎는 것보다 절삭량이 적기 때문에 아무리 오래 샌딩하더라도 칼로 깎는 것보다 오래 걸립니다. 따라서 매끈한 표면을 목표로 할 경우, 요철을 적게 남기는 도구를 선택해 작업하는 것이 샌딩 시간을 줄이는 데 효과적입니다.

샌딩을 최소화할지, 많이 할지는 우열의 문제가 아닙니다. 툴마크가 남은 목물은 우드카빙 특유의 손맛이 살아 있고, 매끈하게 마무리된 목물은 세련된 인상을 주며 관리도 편합니다. 마무리 방식에 정답은 없습니다. 어떤 마무리를 선택하든, 만든 이의 의도를 표현하며 그에 맞는 과정을 스스로 정해 가는 일이야말로 작업의 본질입니다.

# 나뭇잎 다하

이번 챕터에서는 오목한 면을 깎아 내는 데 사용하는 환도 사용법을 배웁니다. 볼 파기는 스푼 카빙에서도 반드시 거쳐야 하는 기본 과정이지만, '기초'라고 해서 지루하지 않을까 미리 걱정하지 않아도 됩니다. 환도처럼 처음부터 손맛이 살아 있는 도구도 흔치 않습니다. 손안에서 돌아가는 곡선, 파고 드는 날 끝의 느낌… 새로운 도구를 익히는 동안 여러분 손끝에 어떤 영감이 따라올지 기대가 됩니다.

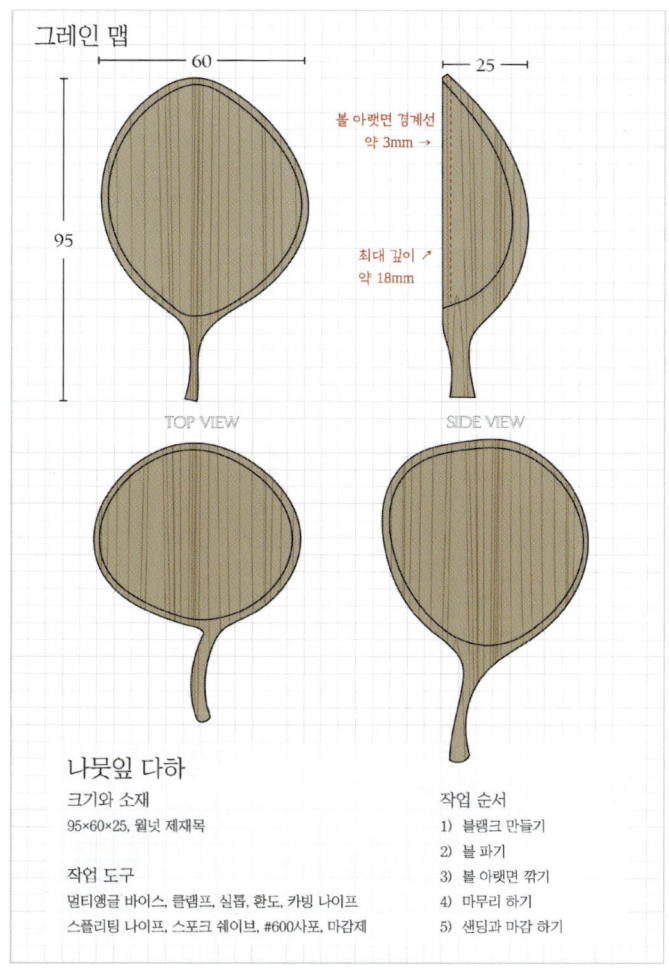

## • 디자인하기

    다하는 찻잎을 살펴보고 향을 맡을 때 사용하는 작은 그릇입니다. 시중에 판매 중인 다하 중에는 조개나 물방울처럼 자연물을 본뜬 디자인도 자주 볼 수 있습니다. 작고 유려한 곡선을 가진 자연물은 다하의 쓰임과 잘 어울리고 찻자리에 자연의 분위기를 더해 줍니다. 이처럼 주변의 자연물에서 형태적 영감을 얻는 것은 좋은 출발점이 됩니다. 이번에는 주변에서 흔히 볼 수 있는 나뭇잎을 모티브로 다하를 만들어 보려 합니다. 디자인할 때는 손에 편안히 올려 놓을 수 있는 크기를 먼저 가늠합니다. 나뭇잎의 윗면과 뒷면이 얇게 만날수록 실제 나뭇잎 같은 느낌이 살아나지만, 그만큼 잘 부서질 수 있습니다. 특히 마구리면은 강도가 약하므로, 볼 안쪽 경사면을 깎을 때 신경 써야 합니다. 볼 안쪽은 환도 툴마크를 그대로 살려 자연스러운 질감을 남기고, 뒷면은 손에 올렸을 때 부드럽게 느껴지도록 디자인해 보겠습니다.

## ▪ 작업 순서

### [STEP 1. 블랭크 만들기]

1) 앞서 만든 목물들은 폭이 넓은 부분과 좁은 부분의 차이가 크지 않아, 템플릿을 일렬로 배치하고 도끼로 쪼개 블랭크를 만들었습니다. 다 하나 스푼처럼 볼이 넓고 자루가 좁은 경우에는 템플릿을 지그재그로 배치하면 일렬 배열보다 판재를 효율적으로 사용할 수 있습니다.

2) 지그재그로 배치할 경우 도끼로 쪼갤 수 없기 때문에 실톱으로 블랭크를 오려 냅니다.

3) — 4) 톱질을 하다가 톱대가 판재에 닿으면, 판재나 톱날을 돌려 방향을 바꿔 줍니다.

5) 부재가 거의 분리되기 직전에는 자른 부분을 손으로 잡고, 남은 부분을 조심스럽

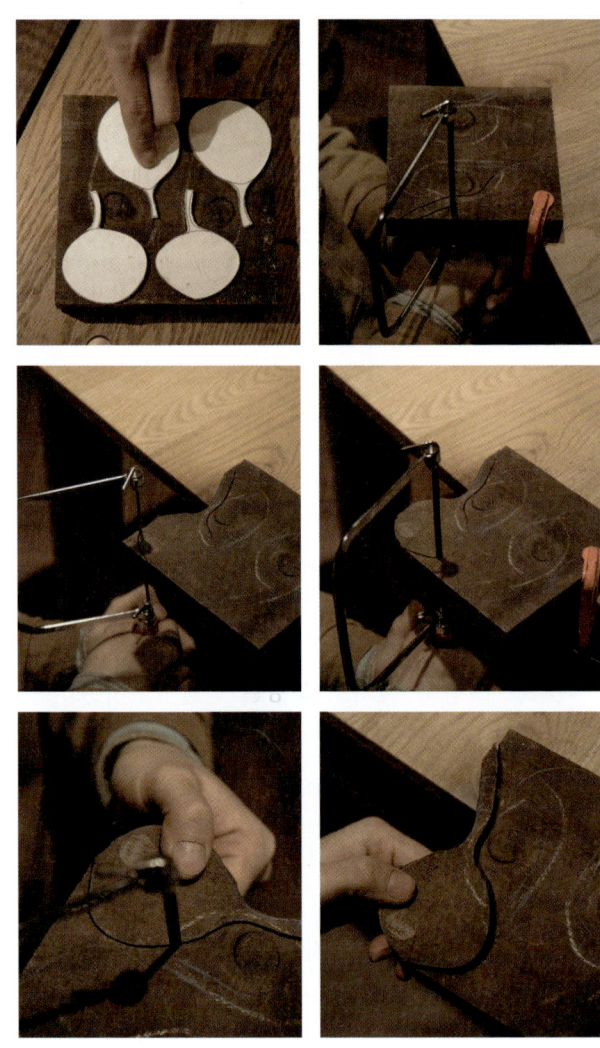

게 톱질해 섬유질이 찢어지지 않도록 마무리합니다.

6) 블랭크가 오려진 상태. 자루 쪽은 가공을 고려해 여유부를 길게 두었습니다.

## ▪ 환도로 볼 파기

환도는 한쪽 날만 서 있는 외날 칼로 오목한 면을 깎아 낼 때 사용합니다. 날 각이 있는 볼록한 면은 앞날, 반대쪽의 평평하고 오목한 면은 뒷날입니다. 사용할 때는 뒷날이 보이도록 날을 세우기 때문에 나무를 파내는 앞날이 보이지 않습니다. 따라서 칼질을 시작할 때 내가 깎고자 하는 위치를 정확히 확인해야 합니다.

환도는 지렛대 원리를 이용해 나무를 파냅니다. 앞날을 나무 면에 일정한 각도로 찔러 넣은 뒤 각도를 점차 완만하게 줄이며 깎아 나갑니다. 마치 아이스크림을 숟가락으로 떠내듯, 손이 완만한 곡선을 그리며 나무를 파내야 합니다. 따라서 환도를 사용할 때는 칼의 각도가 급격하게 바뀌지 않도록 손의 움직임을 조절하는 것이 중요하며, 칼 각도에 따라 작업 속도와 힘의 크기도 함께 조절해야 합니다.

> **＊ 환도 사용 시 주의사항**
> – 환도는 몸 바깥 방향으로 밀며 사용하는 도구입니다. 날이 몸을 향한 상태에서 힘을 주어 당기는 동작은 매우 위험하므로 피해야 합니다. 또한 칼을 밀어 낼 때 작업 방향 앞에 손이 놓이지 않도록, 항상 두 손이 날 뒤에 위치하도록 사용합니다.

## ▪ 환도 그립의 원리

환도는 양손의 협응이 중요합니다. 오른손은 날을 세웠다 눕히며 기울기를 조절하고 팔꿈치와 손목을 이용해 힘을 줍니다. 왼손은 오른손의 힘을 부재에 전달하는 축이 되며, 동시에 칼의 방향을 제어합니다. 따라서 왼손은 작업 중 부재나 작업대에 안정적으로 붙여, 칼을 지지하는 역할을 해야 합니다.

손 모양은 바뀔 수 있지만 칼을 쓰는 원리는 동일합니다. 처음에는 날을 약 70도로 세워 부재에 찔러 넣어, 나무와 날 사이를 살짝 벌려 줍니다. 이때는 저항이 강합니다. 그 상태에서 칼을 눕혀 날 각을 줄이면 저항이 줄어 칼을 밀어 낼 수 있는 상태가 됩니다. 날 각을 줄인 채로 칼을 진행시키다가 동작을 마칠 때는, 날을 바닥에 눕히듯 각을 더 줄여 칼날이 나무 면을 부드럽게 베어 내며 빠져나오도록 합니다.

비슷한 양으로 반복해서 깎고자 할 때는 먼저 깎아 낸 면에 앞날을 붙여 같은 각도를 유지하고, 더 깊게 깎고 싶다면 날을 붙인 상태에서 칼을 더 세워 다음 동작을 시작합니다. 여러 번에 걸쳐 면을 파냈을 때 날 찍힘 없이 완만하고 오목한 곡면이 만들어졌다면 잘 파낸 상태입니다.

### ▪ 결 방향에 따른 환도의 진행 방향

환도는 제결 방향과 결 직각 방향, 두 방향으로 진행할 수 있습니다. 제결 방향으로 나무를 파내면 면이 매끈하고 광택이 나며 경계선이 뚜렷하게 만들어집니다. 결 직각 방향으로 깎을 경우 관다발이 끊어지며 절삭되기 때문에 면은 다소 거칠지만, 칼날이 결을 타고 미끄러지지 않아 저항이 적고 빠르게 작업할 수 있습니다. 따라서 작업 흐름은 보통, 결 직각 방향으로 면을 빠르게 파낸 뒤 제결 방향으로 정리하며 마무리합니다.

### ▪ 5가지 환도 그립법

**[Grip 1. 투 핸드 그립: 힘 ★★★ | 섬세함 ★★ | 활용도 ★★★]**

오른손은 자루를 손바닥으로 단단히 감싸 쥐고, 왼손은 손등이 위로 오도록 날 윗부분을 잡습니다. 왼손을 부재에 붙여 칼을 안정적으로 지지하고 동시에 시야를 확보합니다. 환도를 면에 약 70도로 세워 찌른 뒤, 양손을 함께 눕히며 각을 줄여 환도를 밀어 줍니다. 투 핸드 그립은 양손에 집중

된 힘을 활용할 수 있어 볼 파기 초반 강한 저항을 받을 때 적합한 그립입니다. 또한 힘을 주는 오른손을 엎어 쥐어 손등이 보이게 바꾸면, 오른팔 팔꿈치를 들었다 내리는 힘까지 더해져 더 큰 힘을 줄 수 있습니다.

### [Grip 2. 핑거 그립, Grip 3. 핀치 그립: 힘 ★★ | 섬세함 ★★★ | 활용도 ★★★]

핑거 그립과 핀치 그립은 투 핸드 그립보다 날 끝을 정교하게 조절하기에 적합한 그립입니다. 적절한 힘과 섬세한 컨트롤이 모두 가능해, 볼 파기 중반 이후 세밀한 조작이 필요할 때 유용합니다.

1) 핑거 그립: 오른손 바닥으로 자루와 날이 이어지는 부분을 감싸 쥐고 왼손 엄지를 날 가까이에 댑니다. 오른 손목의 힘으로 칼을 세웠다 눕히며 밀어 낼 때, 왼손 엄지가 날을 함께 밀어 주는 보조 역할을 합니다.

2) 핀치 그립: 왼손 엄지로 날을 밀어 주기 어려운 위치에서는 왼손을 엎어 엄지와 검지로 날을 집어 보조하는 핀치 그립을 사용합니다. 좁은 공간이나 방향 전환이 필요할 때 적합합니다.

**[Grip 4. 펜 홀더 그립: 힘 ★ | 섬세함 ★★★ | 활용도: ★★]**

오른손 엄지와 검지로 환도 자루를 감싸 쥐고 나머지 손가락으로 날을 길게 받쳐 부재에 지지합니다. 칼을 세웠다 눕히며 밀어 낼 때, 왼손 엄지와 검지가 함께 날을 밀어 보조 역할을 합니다. 작업 위치에 따라 왼손 모양은 핀치 그립처럼 바꿀 수 있습니다. 펜 홀더 그립은 가장 섬세한 조절이 가능한 그립으로 엇결로 뜯긴 부분을 정리하거나 볼의 테두리 선을 다듬는 등 마무리 작업에 적합합니다.

**[Grip 5. 타격 그립: 힘 ★ | 섬세함 ★★★ | 활용도 ★★]**

초반에 빠르고 러프한 작업이 필요할 때는 타격 그립을 사용할 수 있습니다. 오른손은 망치를 잡고 날이 몸의 왼쪽으로 나가도록 왼손으로 칼을 감싸 쥡니다. 이때 왼손 엄지로 칼자루를 받치면 칼의 조절력이 좋아집니다. 칼을 나무 면에 세운 뒤, 망치로 자루의 마구리를 쳐서 날을 나무에 박습니다. 왼손으로 칼을 눕히고 망치질을 반복해 조금씩 나무를 깎아 냅니다. 팔을 크게 휘두르기보다는 망치 머리의 무게가 그대로 칼에 전달되도록 정확히 망치질하는 것이 중요합니다.

[+ 보조 동작]

손목이나 손의 힘이 부족할 때는 칼자루 끝을 쇄골에 대어 밀어 주는 보조 동작을 사용할 수 있습니다. 이렇게 하면 몸무게가 실리며 더 큰 힘을 줄 수 있습니다. 힘이 강해지는 만큼 칼을 쓰는 속도는 천천히 조절하고 칼이 몸 가까이로 들어오는 만큼 시야 확보도 중요합니다.

- **볼 모양을 만들어 가는 순서**

볼을 팔 때는 가장 깊은 지점(볼 좌우 중심과 제결 경계 지점)과 가장 얕은 지점(볼 테두리)를 먼저 설정하고, 그 사이 경사면이 균형 있게 이어지도록 파내는 것이 중요합니다. 처음부터 한 번에 볼 안쪽 모양을 완성하기는 어렵기 때문에, 약간 오목한 면을 만든 뒤 → 가장 깊은 곳 → 테두리 → 경사면 순으로 형태를 점차 구체화해 나갑니다. 이 과정을 한 번에 끝내기보다 여러 번 반복하여 파내는 것이 볼의 형태를 더 잘 관찰할 수 있고 작업 효율도 높습니다.

1) 전체적으로 오목한 면 만들기: 볼 파기는 초반이 가장 어렵고 볼이 점점 오목해질수록 환도가 잘 따라가게 되므로 작업 초반에 평평한 볼 윗면을 약간 오목하게 파냅니다.

2) 중심 깊이 만들기: 볼의 가장 깊은 지점은 좌우 방향(결 직각)뿐 아니라 앞뒤 방향(결 방향)으로도 함께 형성됩니다. 볼을 기준으로 십자선을 그리면, 그 교차점이 가장 깊은 부분이 됩니다. 먼저 어느 방향으로 깊이를 만들지는 작업 환경에 따라 선택할 수 있습니다. 결 직각 방향부터 파도 되고, 결 방향부터 시작할 수도 있습니다. 약간 오목한 면을 만들어 둔 상태에서 가장 깊은 부위를 설정하

고 천천히 파냅니다.

3) 테두리 드러내기: 볼 테두리는 볼의 경사면이 시작되는 지점이자 볼의 윤곽이 드러나는 부분입니다. 살이 얇게 남는 부위이므로 제결 방향으로 깎는 것이 깔끔하게 만들어집니다. 최종 테두리선에 딱 맞추기보다는 여유를 두고 윤곽이 드러날 정도로만 파고, 마무리 단계에서 선을 정확히 정리하는 것이 좋습니다.

4) 경사면 연결하기: 중심 깊이와 테두리 사이 경사면이 자연스럽게 이어지도록 형태를 완성합니다. 테두리에서 날을 너무 세워 중심을 향해 파면 그릇처럼 볼 벽이 깊어지고, 반대로 날을 너무 눕히면 경사가 얕아져 고깔처럼 볼이 흐릿해 보일 수 있습니다. 이렇듯 경사면을 어떻게 표현하는지에 따라 볼의 인상이 달라집니다. 작업 위치에 따라 제결로 정리가 쉬운 부분도 있고, 결 직각으로 파는 게 더 용이한 부분도 있습니다. 잘 맞는 그립을 선택해 형태를 만들고 마무리는 제결 방향으로 정리합니다.

5) 마무리하기: 이 과정을 반복하며 깊이와 형태가 자리를 잡으면, 테두리 선을 정확하게 정리하고 절삭된 면이 고르고 매끄러운지 확인합니다. 필요한 부분은 섬세하게 다듬으며 마무리합니다.

**[STEP 2. 볼 파기]**

1) 외형선에서 약 3mm안쪽으로 볼 테두리선을 그리고 블랭크를 바이스에 고정합니다.

2) — 3) 작업 초반에는 러프하고 강한 힘을 쓸 수 있는 **타격 그립, 투 핸드 그립**을 사용해 빠르게 볼을 파냅니

다. 이때는 결 직각 방향이 작업에 적합합니다.

4) **투 핸드 그립, 핑거 그립, 핀치 그립**으로 결 직각 방향으로 깊이를 만들고 나면 제결 방향으로 경사면과 볼 테두리를 정리합니다.

5) 앞의 과정 한 번만으로는 깊이와 형태가 완성되지 않습니다. 여러 층에 걸쳐 파내며 깊이와 형태를 조금씩 완성해 나갑니다.

6) — 7) 양쪽 제결이 만나는 볼 가장 깊은 지점은 **펜 홀더 그립**으로 섬세하게 마무리합니다. 이 부분은 초심자에게는 까다롭게 느껴질 수 있습니다. 제결 경계를 지나쳐 날이 깊게 박히면 엇결로 뜯기고, 반대로 경계 전에 멈추면 바닥이 볼록하게 남는 경우가 생깁니다. 따라서 이 부위에서는 날을 낮게 세워 아주 얇게 나뭇밥을 떠내야 하며, 나뭇밥이 떨어지

는 느낌이 들면 칼이 밀리지 않게 정확히 멈춰야 합니다. 제결 정리가 어렵다면 양쪽 단차를 최대한 비슷하게 파낸 후 결 직각 방향으로 얇게 깎아 내고 약간의 샌딩으로 마무리할 수도 있습니다.

8) 볼 파기를 완료한 상태.

## ▪ 스플리팅 나이프로 볼 아랫면 깎기

볼 안쪽을 먼저 파낸 상태에서는 볼 끝을 모탕에 올려 도끼로 모서리를 깎을 경우 끝이 깨질 위험이 있습니다. 따라서 이 단계에서는 블랭크를 바이스에 고정한 후 스플리팅 나이프를 사용해 볼 아랫면 모양을 만듭니다. 스플리팅 나이프는 양손으로 칼을 당기거나 밀며 나무를 절삭하는 도구입니다. 단순히 힘으로 끌 듯이 쓰는 것이 아니라 카빙 나이프처럼 나무를 베어 내는 원리를 적용해야 합니다.

### [당겨 깎기]

날이 몸을 향하도록 하고 양손을 엇갈려 칼자루를 잡은 상태에서 깎을 모서리에 날을 비스듬히 댑니다. 이때 칼질이 시작되는 지점은 날의 아래쪽, 끝나는 지점은 날의 위쪽입니다. 뒷손(몸에서 먼 손)은 축이 되고, 앞손(몸 쪽 손)을 몸 쪽으로 당기면 날이 점점 내려가며 나무를 결 방향으로 베어 냅니다. 작업 위치에 따라 뒷손을 뒤집어 양 손등이 보이게 잡는 방법도 사용할 수 있습니다.

볼 앞쪽을 깎을 때는 결 방향에 맞게 앞손을 더 많이 회전시켜야 베어 내는 각이 제대로 생기고 부드럽게 절삭됩니다.

**[밀어 깎기]**

핑거 그립과 핀치 그립은 투 핸드 그립보다 날 끝을 정교하게 조절하기에 적합한 그립입니다. 적절한 힘과 섬세한 컨트롤이 모두 가능해, 볼 파기 중반 이후 세밀한 조작이 필요할 때 유용합니다.

날이 몸 바깥을 향하도록 하고 양손을 엇갈려 칼자루를 잡습니다. 깎을 모서리에 날

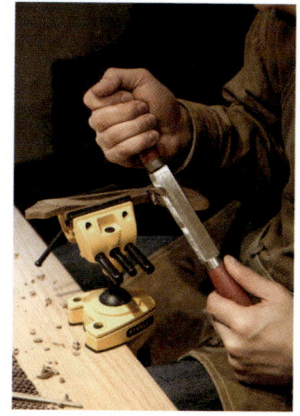

을 세우고 날의 위쪽에서부터 칼질을 시작합니다. 뒷손을 축으로 삼고 앞손을 몸 바깥쪽으로 밀면 날이 점점 올라가며 나무를 결 방향으로 베어 냅니다. 이때 진행 방향 앞에 블랭크나 바이스가 있지 않은지 미리 확인하고 칼날이 정확한 지점에서 멈출 수 있도록 조절해야 합니다. 잘못하면 날이 부딪혀 손상이 생기거나 작업이 끊길 수 있습니다.

**[STEP 3. 볼 아랫면 깎기]**

1) 블랭크의 측면(두께면)에 사이드 라인을 그립니다.

2) 바이스에 블랭크를 고정해 볼 아랫면의 가장 높은 지점을 표시합니다. 이 지점에서 외형선까지 모서리를 깎아 둥글게 만들어야 합니다. 깎을 때는 볼 외형선에서 약 3mm 여유를 두고 작업해야 뒤집었을 때 외형선이 깎여 나가지 않고 정확히 유지됩니다.

3) 스플리팅 나이프로 양쪽 모서리를 당겨 깎아, 볼 아랫면을 둥글게 만듭니다.

4) 스플리팅 나이프는 절삭력이 좋기 때문에 작업 중간마다 볼을 잡아 보며 두께를 확인하고 너무 얇아지지 않도록 주의합니다.

5) 양쪽 모서리를 깎은 후, 앞쪽도 당겨 깎습니다. 앞쪽은 목질이 단단한 마구리면이기 때문에 앞손의 회전력을 이용해 여러 번에 걸쳐 베어 내듯 깎아야 합니다.

6) 스플리팅 나이프 볼 아랫면을 둥글게 만든 상태.

7) 스플리팅 나이프로 깎은 면을 스포크 쉐이브로 다듬어 마무리합니다.

8) 스포크 쉐이브로 볼 아랫면을 정리한 상태.

9) 자루로 이어지는 면은 스플리팅 나이프로 밀어 깎아 형태를 만듭니다. 이 디자인은 뒤쪽이 짧아 스플리팅 나이프로 진입이 어려울 수 있으므로, 그럴 땐 카빙 나이프로 작업합니다.

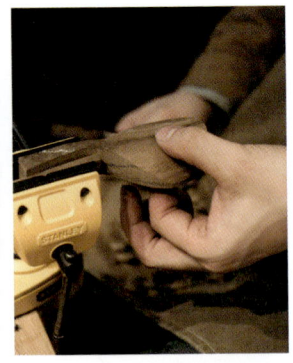

10) 스플리팅 나이프로 깎은 면을 스포크 쉐이브로 정리합니다.

※ 볼 아랫면을 만들 때 스플리팅 나이프로 살을 덜어 형태를 만들고, 스포크 쉐이브로 면을 정리해 마무리하는 방식으로 진행합니다. 경우에 따라 도끼와 카빙 나이프로도 볼 아랫면을 만들 수 있습니다. 요점은 강한 힘과 빠른 작업 속도로 효율을 높이는 도구와 마무리에 적합한 도구를 상황에 맞게 조합해 사용하는 것입니다.

**[STEP 4. 마무리하기]**

1) 자루 여유부를 톱으로 잘라 냅니다.

2) 볼 아랫면 중 마무리되지 않은 부분과 자루를 **섬 그립, 크로스드 섬 그립**을 활용해 카빙 나이프로 깎아 정리합니다.

3) — 4) 톱으로 자른 자루 끝과 그 모서리를 **섬 스큐 그립**으로 정리합니다.

5) 볼 윗면 테두리에서 아랫면으로 넘어가는 부분을 약 45도로 깎아 챔퍼를 만듭니다. 이 구간은 볼의 두께감이 잘 느껴지는 부분으로, 챔퍼를 주면 눈에 보이는 면적이 줄어들어 볼이 얇고 가볍게 느껴집니다. 또한 모서리의 표면적이 넓어져 섬유질이 결 방향으로 찢기지 않도록 강도를 보완해 줍니다. 깎는 양은 적지만 결을 많이 타는 구간이므로, 제결 경계 부근은 특히 신중하게 작업해야 합니다.

6) 형태를 완성한 나뭇잎 다하.

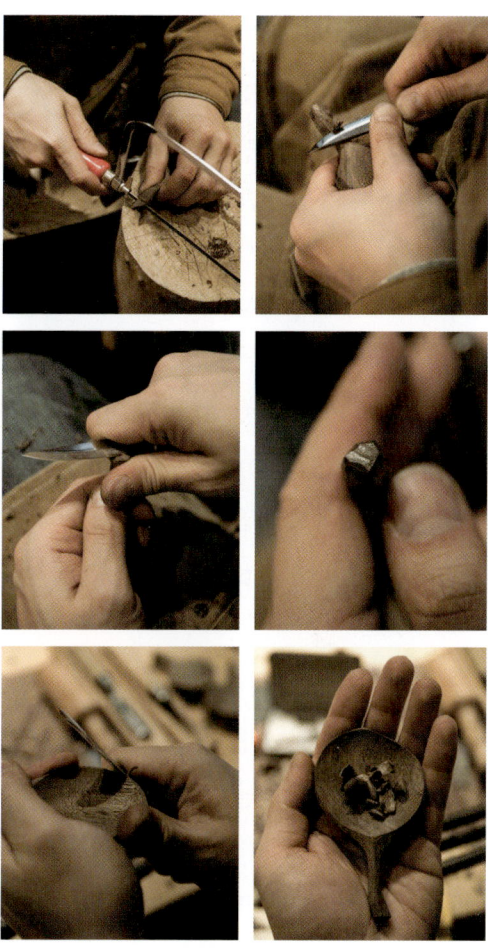

**[STEP 5. 샌딩과 마감하기]**

1) 툴마크를 살려 #600 사포로 가볍게 샌딩합니다.

2) 미네랄 오일과 컨디셔너를 발라 마감합니다.

## ▪ 작업 돌아보기

　카빙 나이프 그립에서 익힌 '나무를 베어 내는 원리'는 모든 날물에 적용됩니다. 날이 결 방향에 비스듬히 이동해야 나무가 부드럽게 베어지는 반면, 결 방향과 평행하게 움직이면 저항이 강해져 깎기 어렵습니다. 환도는 오목한 면을 만드는 도구이지만 여기에서도 베어 내기 원리를 적용할 필요가 있습니다. 특히 다음 2가지가 포인트입니다.

　1. 결 직각 방향으로 작업할 때, 작업이 끝나는 테두리 근처에서 날을 제결 방향으로 살짝 감아 주면 섬유질이 찢기지 않고 깔끔하게 마무리됩니다.
　2. 볼 테두리와 안쪽 경사면을 밀어 깎을 때 제결 방향으로 환도를 밀되 약간 사선으로 비껴 밀면 더 섬세하게 날을 조절할 수 있습니다.

　스플리팅 나이프도 마찬가지입니다. 날을 결 방향에 비스듬히 위치시킨 후, 시작점을 축으로 삼아 당기거나 밀며 베어 내는 방식으로 써야 큰 날과 양손 힘이 만드는 강한 절삭력을 제대로 이용할 수 있습니다. 처음에는 당겨 깎기에 비해 밀어 깎는 동작이 어색할 수 있습니다. 하지만 앞손을 기준점으로 두고, 뒷손의 움직임을 통해 날이 어떻게 비스듬히 이동하는지를 느끼며 칼을 써 보세요.
　날의 작용 원리를 머릿속에 그리며 작업하는 사이, 칼과 나무가 손끝에 친숙해지기 시작할 즈음이면 '어떤 느낌'이 짜릿하게 다가올지도 모릅니다.

# 스프 스푼

드디어 '스푼 카버'로서, 그럴듯한 스푼을 만들어 볼 준비가 되었습니다. 처음엔 '스푼 만드는 게 그렇게 특별한 재미가 있을까?'라는 마음으로 시작했을지도 모르지만, 이제는 우드카빙의 원리와 도구들을 익히면서 스푼 만들기에 대한 기대가 조금은 커졌을지도 모릅니다. 이전 과제들에서는 하나의 도구에 집중해 작업해 왔지만, 이번에는 여러 도구를 능숙하게 바꾸어 가며 스푼을 완성해 나갑니다. 조금은 긴 호흡과 너른 상상력을 가지고 함께 시작해 봅시다.

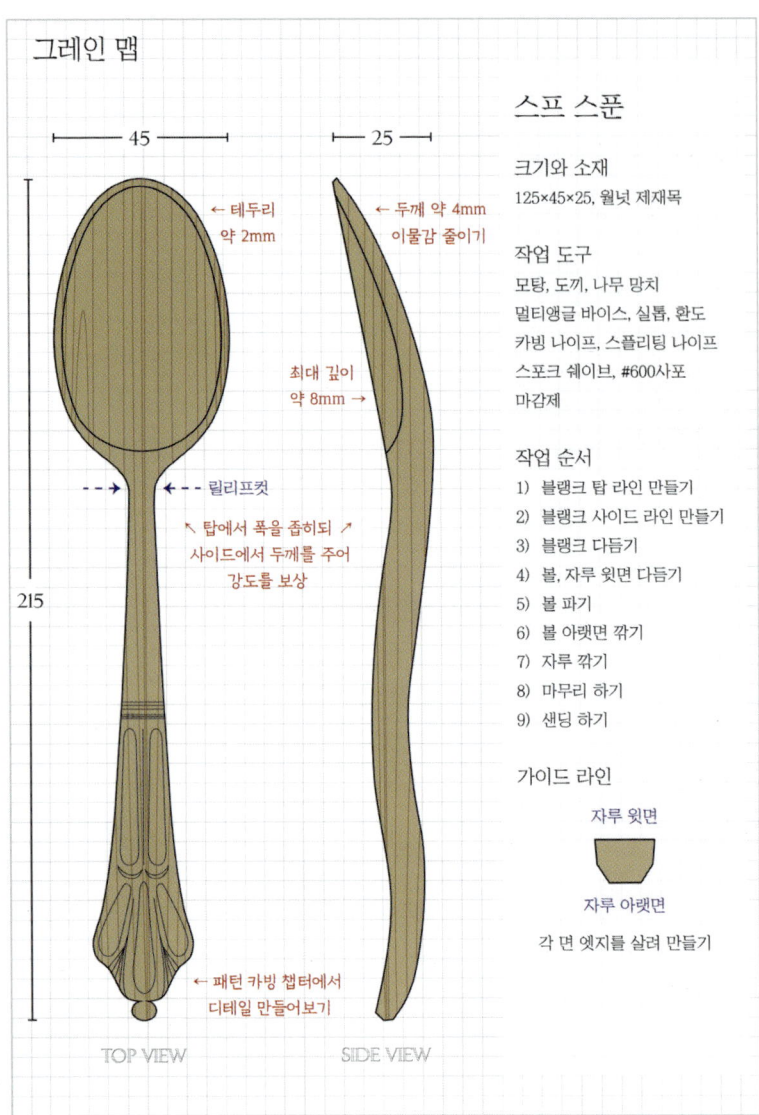

## · 디자인하기

한식 숟가락과 스프 스푼(양식 스푼)을 굳이 명확하게 나눌 필요는 없지만, 사용 목적에 따라 각 부분을 강조해서 디자인하면 그 자체로 재미있는 형태가 나올 수 있습니다. 한식 숟가락은 입안까지 넣어 사용하기 때문에 입안에서 이물감이 적도록 볼의 볼륨을 작게 만드는 경우가 많습니다. 반면, 스프 스푼은 입술을 볼에 대고 국물을 마시는 방식이기 때문에 국물이 가득 담기도록 오목한 볼을 디자인할 수 있습니다. 볼이 작고 자루가 짧은 디저트 스푼이나 티스푼의 경우 볼과 자루가 일직선이어도 사용에 불편이 없지만, 스프 스푼은 목 부분에 각을 주어 자루가 길어도 음식을 쉽게 뜰 수 있도록 디자인합니다. 자루는 손에 쥐었을 때 편안해야 하며 동시에 장식이 들어갈 수 있는 여유 있는 형태도 고민해 볼 수 있습니다. 볼, 목, 자루로 각 부위를 나누어 형태를 디자인한 뒤, 특히 힘을 많이 받는 목 부분은 강도를 고려해 보강하는 것이 좋습니다.

### ▪ 작업 과정

[STEP 1. 블랭크 탑 라인 만들기]

1) 판재에 탑 라인을 그리고 실톱으로 절단해 부재를 분리합니다.

2) 볼과 자루가 만나는 목 부분을 릴리프 컷 합니다.

3) 탑 라인을 따라 각 부분을 도끼로 깎아 만듭니다. 볼 끝부분을 릴리프 컷 선까지 깎아 냅니다.

4) 자루 끝에서 목부분을 향해 면을 깎아 자루 형태를 만듭니다.

5) 마지막으로 볼 앞부분을 도끼로 깎아 냅니다.

6) 탑 라인을 도끼로 깎아 만든 상태.

## [STEP 2. 블랭크 사이드 라인 만들기]

1) 부재의 측면에 사이드 라인을 그립니다.

2) 도면을 참고해 실톱으로 릴리프 컷을 합니다.

3) 사이드 라인을 따라 각 부분을 도끼로 깎아 만듭니다. 볼 윗면을 릴리프 컷 선까지 깎아 냅니다.

4) 자루 윗면 중간에서 목 부분을 향해 면을 깎아 냅니다.

5) 자루 끝에서 중간을 향해 면을 깎아 자루 윗면 형태를 만들되, 가장 끝단은 도끼질 시 손이 가까워질 수 있으므로 손이 닿지 않는 안전한 선까지 작업하고 나머지는 남겨 둡니다.

6) 자루 아랫면 목 부분에서 중간을 향해 면을 깎아 냅니다.

7) 자루 끝에서 중간으로 면을 깎아 자루 아랫면 형태를 만듭니다.

8) 마지막으로 볼 아랫면을 깎아 형태를 만듭니다. 볼 윗면과 아랫면은 면적이 넓기 때문에 면적을 줄여 가며 살을 덜어 냅니다.

## [STEP 3. 블랭크 다듬기]

1) 블랭크에 템플릿을 올려 탑 라인을 다시 그립니다.

2) 다시 그린 선을 따라 카빙 나이프로 탑 라인을 정리합니다. 볼 외형선은 **캔 오프너 그립, 섬 그립, 가이디드 풀 그립**을 사용하면 좋습니다.

3) 목 부분은 제결 경계 지점이므로 칼날의 곡면을 활용해 **섬 그립, 크로스드 섬 그립**으로 정리합니다.

4) 자루 좌우 대칭이 잘 맞도록 **가이디드 풀 그립, 섬 그립, 캔 오프너 그립**으로 깎아 형태를 잡습니다.

5) 자루 끝은 톱으로 잘라 대략적인 외형을 만든 뒤, 카빙 나이프로 탑 라인과 도끼 작업에서 남겨 둔 부분을 **크로스드 섬 그립, 섬 그립**으로 섬세하게 다듬습니다.

6) 블랭크 다듬기를 완료한 상태.

## [STEP 4. 볼, 자루 윗면 다듬기]

1) 블랭크를 바이스에 고정할 때는, 죠와 블랭크가 평행하고 넓게 접촉해야 안정적으로 압착됩니다. 하지만 자루가 테이퍼드 형태이기 때문에 그대로 물리면 고정이 잘 되지 않습니다.

2) 이때는 자루 크기에 맞는 얇은 쐐기를 함께 물려 고정하면 보다 안정적으로 압착할 수 있습니다.

3) 볼을 앞에서 보면 우측이 비교적 높게 올라온 것이 보이는데, 좌우의 높이를 맞추어 평평하게 깎아 정리해야 합니다. 이 작업을 생략한 채 볼을 먼저 파면 나중에 외형을 정리할 때 테두리의 두께가 일정하지 않아져 다시 손봐야 할 수 있습니다. 따라서 지금 단계에서 볼 윗면 평을 정확히 맞추어야 합니다.

4) 이 사진은 볼과 자루 윗면 양 끝단의 경사를 과장해서 보여 주고 있습니다. 낮은 쪽을 기준으로 높은 부분을 깎아 전체 면을 평평하게 맞춥니다.

5) 스포크 쉐이브로 높은 부분을 깎아 낮은 쪽에 맞춥니다.

6) 볼 윗면 정리가 끝나면 이어서 자루 윗면도 깎아 정리합니다.

7) 스포크 쉐이브가 들어가지 않는 세부 부위는 카빙 나이프로 정리합니다.

### [STEP 5. 볼 파기]

1) 테두리 선은 외형선보다 약 3mm 안쪽에 그립니다. 너무 얇게 그리면 나중에 다듬을 여유가 없어지고, 너무 두껍게 그리면 스푼이 둔해 보이고 정리할 양이 많아집니다.

2) 자루를 죠에 물리면 볼이 허공에 뜨게 되므로 초기 진입은 날을 뒤에서 안정적으로 받칠 수 있는 **핑거 그립**을 활용해 결 방향으로 진행합니다. 환도가 쉽게 따라갈 수 있도록 먼저 얕고 오목한 면을 만들어 진입 경로를 잡아 줍니다.

3) ─ 4) 오목한 면이 형성되면 **투 핸드 그립**을 활용해 결 직각 방향 작업으로 전환해 더 많은 양을 파내며 최종 깊이의 약 90%까지 형태를 만들어 갑니다. 결 직각 방향으로 작업할 때는 날이 빠져나갈 때 섬유질이 뜯기지 않도록 주의합니다. 항상 날을 예리하게 유지하고 날이 탈출하는 각도를 완만하게 조절해 천천히 동작을 끝냅니다.

5) ― 6) 깊이가 형성되면 **핑거 or 핀치 그립**을 활용해 결 방향으로 볼 얕은 곳에서 깊은 방향을 향해 파면서 볼 좌우의 중심 깊이를 잡고 이어 테두리를 정리합니다. 그 후 볼 중심과 테두리 사이 경사면을 연결하며 형태를 완성합니다.

7) 제결 경계에 섬유질이 쌓이면 **투 핸드 그립**을 사용해 결 직각 방향으로 깎아 내어 시야를 확보합니다.

8) ― 9) 볼 앞쪽 작업이 끝나면 뒤쪽도 **투 핸드 그립, 핀치 그립**을 활용해 제결 방향으로 동일하게 다듬어 갑니다.

10) ― 11) 엇결로 뜯긴 부분, 테두리 선처럼 미세한 부분은 **펜 홀더 그립**으로 마무리합니다.

12) 볼 깊이는 8mm로 다소 깊은 편입니다. 한식 숟가락이라면 그보다 조금 얕게 파는 것도 좋습니다. 테두리 양 끝단에 철자를 대어 깊이를 확인합니다.

13) 볼 파기 완료 상태. 볼은 스푼의 얼굴입니다. 좌우 대칭, 안쪽 경사도, 가장 깊은 지점의 위

치가 어떻게 조화되었는지에 따라 아웃라인이 같더라도 전혀 다른 인상의 스푼이 만들어집니다. 그래서 의도한 바를 정확히 표현하려고 늘 신경 써야 합니다. 하지만 작업을 하다 보면, 칼을 쓰기 쉬운 대로 따라가기 쉽고 그 과정에서 좌우 균형이나 앞뒤 비율이 조금씩 어긋나기도 합니다. 면이 매끄럽게 깎였는지만 보지

말고, 형태의 균형이 잘 맞는지 여러 각도에서 관찰하며 작업을 이어 가야 합니다.

14) 잘 다듬어진 스푼 안쪽 면 상태.

## [STEP 5. 볼 아랫면 깎기]

1) 스플리팅 나이프로 볼 아랫면 양쪽 모서리를 깎습니다.

2) 이어서 볼 앞쪽으로 면이 둥글게 이어지도록 깎아 줍니다.

3) 모서리와 앞쪽 윤곽을 잡은 뒤, 볼 아랫면의 정점 부분을 깎아 두께를 자연스럽게 줄여 줍니다.

4) 볼 뒷면은 입에 닿았을 때 이물감이 없을 만큼 얇게 깎되 부서지지 않을 만큼의 두께를 남겨야 합니다. 정확한 측정을

위해 두께 게이지를 쓸 수도 있지만, 엄지와 검지로 볼 여러 부분을 잡아 보며 감각적으로 가늠해도 무방합니다.

5) 앞쪽을 작업이 끝나면, 볼 뒤쪽도 스플리팅 나이프로 밀어 깎습니다. 스플리팅 나이프가 들어가지 않는 부분은 추후 카빙 나이프로 정리합니다.

6) 스플리팅 나이프로 볼 아랫면 형태를 잡은 상태

7) 스포크 쉐이브로 면을 정리해 마무리합니다.

8) 볼 아랫면 작업 완료 상태.

## [STEP 6. 자루 깎기]

1) 템플릿을 다시 대고 탑 라인을 다시 그립니다.

2) ― 3) 이 부분은 블랭크 만들기 단계에서 한 차례 다듬었던 곳이지만, 이제는 볼이 완성되었기 때문에 볼의 형태에 맞춰 더 정확하게 외형을 다듬을 수 있습니다. 이 디자인은 자루 윗면이 평평하고, 아랫면(뒷면)에 각이 있는 형태입니다

다. 따라서 위에서 봤을 때 아웃라인이 깔끔히 정렬되도록 탑 라인을 기준 삼아 **가이디드 풀 그립, 크로스드 섬 그립**으로 신중하게 깎아 냅니다.

4) 자루 형태를 만들기 위해 가이드 라인을 그립니다.

5) — 6) 각 모서리를 가이드 라인에 맞춰 깎아 냅니다. 자루는 곡선이 있는 디자인이라 작업 중 제결이 계속 바뀌며, 이에 따라 **섬 푸시 그립, 가이디드 풀 그립, 크로스드 섬 그립, 섬 그립** 등 다양한 파지법을 사용해 결 방향에 대응하면서 작업을 이어 갑니다.

## [STEP 7. 마무리하기]

1) 전체적으로 형태를 살펴보고 부족한 부분을 정리합니다. 볼 테두리는 챔퍼를 주어 깎아 냅니다.

2) 테두리 챔퍼 작업을 완료한 상태.

3) — 4) 챔퍼를 만든 후 볼 아랫면을 보면 외형선이 살짝 깎여 나가면서 라인이 달라져 있

을 수 있습니다. 이럴 경우 카빙 나이프나 스포크 쉐이브를 사용해 선을 다시 곧게 정리합니다.

5) — 6) 전체 카빙이 완료된 상태.

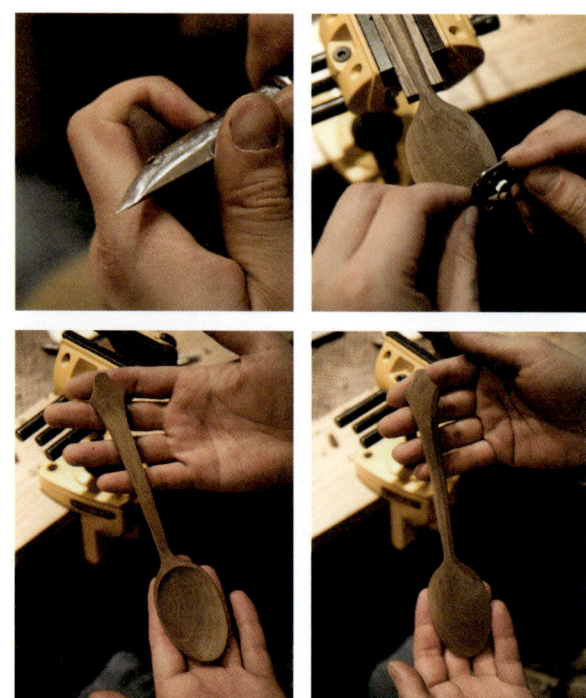

## [STEP 8. 샌딩하기]

1) #600 사포로 면과 모서리를 가볍게 샌딩합니다.

2) 샌딩이 완료된 상태.

이번 스푼은 V홈이나 꼭지 장식이 없이 완성된 형태이지만, 마지막 챕터에서 장식을 넣어 볼 예정이므로 이번에는 샌딩 후 마감 작업은 건너뛰도록 하겠습니다.

## ▪ 작업 돌아보기

　이제까지 익힌 도구들을 모아 스푼을 만들어 봤습니다. 앞서 만든 매직 완드나 다하처럼 한 도구로 대부분의 작업을 했던 과제보다, 이번 스푼은 여러 도구를 바꿔 가며 쓸 수 있어 좀 더 가볍게 만들 수 있었으리라 생각합니다. 스푼은 크지 않아 작업량도 부담되지 않고 실용적인 목물이기 때문에 앞 단계는 대강 훑어보고 이 장으로 바로 넘어온 독자분들도 있을 것 같습니다. 그만큼 의욕적으로 손이 가는 목물이 스푼입니다.

　하지만 여기서 놓치기 쉬운 점도 있습니다. 볼이면 볼, 자루 면 자루, 각 부분을 만들 때 적절한 도구를 쓰지 않거나 제대로 된 모양을 잡지 못하면, 그 부족한 점이 다음 단계로 넘어갈수록 차곡차곡 누적되며 완성도의 차이로 드러납니다. 완성도를 높이기 위해서는 도구를 정확히 쓰는 것뿐 아니라 만들어지는 형태를 충분히 관찰하는 태도가 함께 필요합니다. 도구에 조금 익숙해졌다고 느껴질 무렵이면, 내 동작이나 만들어지는 형태보다는 얼마나 빨리, 얼마나 많이 깎는지에 집중하게 되기 쉽습니다. 물론 도구를 즐기며 쓰는 일은 나쁜 습관이 아닙니다. 다만 그 박자를 조금 늦춰 조금 더 느긋한 마음으로, 조금 더 자세히 들여다보면 그 안에서 더 많은 것을 보고 더 멀리 나아갈 수 있을 것입니다. 도면 한편에 오늘 작업이 어땠는지, 느낌과 어려웠던 점을 짧게라도 써 보는건 어떨까요. 하루하루 쌓이는 작업 일지는 미래의 스푼 카버인 내가 과거의 나에게 보내는 응원 어린 메시지일지 모릅니다.

# 서빙 스푼

일상의 호흡을 가다듬고 잠시 쉬어 가는 방법은 다양합니다. 우드카빙도 그중 하나이지요. 저희처럼 우드카빙을 업으로 삼은 사람도 가끔은 카빙으로 한숨 돌리고 싶어질 때가 있습니다. 그럴 땐 작업 환경을 바꿔 보곤 합니다. 작업실을 벗어나 산으로 물가로 떠나 자연 속에서 나무를 깎는 것은 상상 이상으로 신선한 감각을 안겨 줍니다. 새로운 공간에서의 경험이 어떤 영감을 불러일으킬지 기대됩니다.

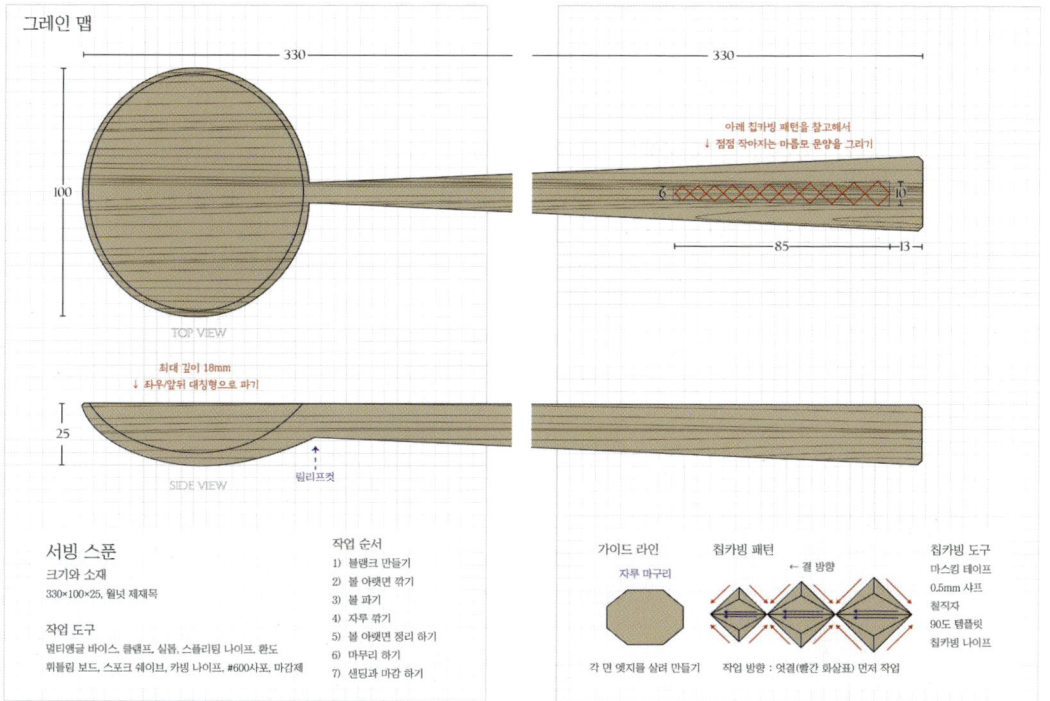

## ▪ 디자인하기

이 서빙 스푼은 볼을 깊게 만들어 음식을 듬뿍 뜰 수 있도록 디자인하고, 자루는 점성 있는 음식도 무리 없이 뜰 수 있도록 두껍고 튼튼하게 설계했습니다. 볼 지름이 100mm, 전체 길이가 330mm면 꽤 큰 편입니다. 지금 사용하고 있는 조리 도구를 참고하여 볼의 크기와 깊이, 자루의 길이와 두께를 적절히 조절하며 디자인해 봅시다.

나무 조리 도구는 손에 닿는 감촉이 좋고 쓰임도 다양해 선호도가 높습니다. 서빙 스푼 외에도 볼이 얕은 납작한 스파튤라, 볼이 없이 넓적한 뒤집개, 자루가 짧은 밥주걱, 볼 대신 날을 단 서빙 포크 등 형태가 다양합니다. 한 가지 디자인 주제를 바탕으로 쓰임이 서로 다른 조리 도구 세트를 만들어 보는 것도 아주 재미있는 작업이 될 것입니다.

- **작업 과정**

[STEP 1. 블랭크 만들기]

1) 판재 윗면에 탑 라인을 그립니다. 서빙 스푼은 볼이 넓기 때문에 도끼로 쪼개기보다는 실톱으로 전체 외형을 오려 내는 방식이 로스율을 줄일 수 있어 적합합니다.

2) 실톱으로 탑 라인을 따라 오려 내어 블랭크를 만듭니다.

3) 블랭크 측면에 사이드 라인을 그립니다.

4) 사이드 라인을 그린 후, 목 부분 아랫면을 릴리프 컷 합니다.

5) – 6) 이 디자인은 윗면이 평평하기 때문에 판재의 평을 그대로 살리면 별도로 작업할 부분이 없습니다. 볼과 자루 아랫면만 도끼로 깎아 형태를 만들면 블랭크가 완성됩니다.

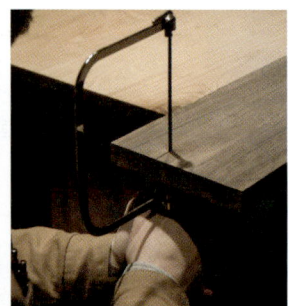

**[STEP 2. 볼 아랫면 만들기]**

1) — 2) 이번 서빙 스푼은 야외에서 볼 파기를 진행할 예정이므로 그에 앞서 볼 아랫면을 먼저 작업합니다. 스플리팅 나이프로 볼 모서리와 앞쪽을 당겨 깎습니다.

※ 스푼은 볼 아랫면의 부피가 이물감에 영향을 주기 때문에 일반적으로 볼 안쪽을 먼저 파고 그 깊이에 맞춰 아랫면을 깎는 것이 두께를 가늠하기에 더 유리합니다. 하지만 서빙 스푼처럼 볼이 깊지 않은 디자인은 먼저 볼 아랫면을 깎고 나중에 안쪽을 파는 방식도 괜찮습니다. 단, 볼을 파는 과정에서 두께가 너무 얇아지지 않도록 주의합니다.

3) 볼 앞쪽을 완성하면 볼 뒤쪽도 밀어 깎기로 형태를 만듭니다.

**[STEP 3. 볼 파기]**

1) — 2) 이제 밖으로 나가 보겠습니다! 휘틀링 보드에 블랭크를 고정하고 볼 안쪽을 팝니다. 초반에는 **타격 그립**으로 살을 덜어냅니다.

※ 야외에는 벤치만 있고 테이블이 없는 경우가 많아 멀

티앵글 바이스 설치가 어렵습니다. 따라서 야외에서도 목물을 안정적으로 고정할 수 있는 작업대가 필요합니다.

3) — 4) 휘틀링 보드는 작업 위치가 몸 아래, 다리 부근에 있기 때문에 칼을 길게 잡을 수 있는 **핑거 그립**이 적합합니다. 다만 핑거 그립은 힘이 약하기 때문에 한 번에 많은 양을 깎기보다는 여러 층에 걸쳐 조금씩 살을 덜어 내는 것이 안전합니다.

5) — 6) **투 핸드 그립, 핑거 그립** 등 다양한 그립과 결 방향, 결 직각 방향 작업을 섞어 가며 점진적으로 볼을 파냅니다.

7) 볼 파기를 끝낸 상태입니다. 원형 또는 타원형 볼은 좌우, 앞뒤 대칭이 잘 맞아야 볼이 균형 있는 형태가 됩니다. 휘틀링 보드는 멀티앵글 바이스보다 칼의 진입 각도가 좋지 않기 때문에 손이 편한 쪽을 더 많이 깎는 경향이 있습

니다. 따라서 면을 만들 때는 볼을 좌우, 앞뒤 사분면 단위로 관찰하고 균형을 계속 점검하며 작업을 진행합니다.

**[STEP 4. 자루 깎기]**

1) — 2) 팔각형 자루 형태를 만들기 위해 가이드 라인을 그립니다.

3) — 4) 각 모서리를 가이드 라인에 맞춰 깎아 냅니다. 이 자루는 면이 곧고 길게 이어지는 엣지가 중요한 디자인이기 때문에, **니 그립, 풀 그립 , 가이디드 풀 그립** 같은 긴 직선 면을 정밀하게 깎을 수 있는 그립법이 적합합니다.

**[STEP 5. 볼 아랫면 정리 하기]**

1) 휘틀링 보드에 볼 고정용 더미를 끼웁니다. 이렇게 고정하면 더미에 볼 안쪽 오목한 면이 걸리며 좌우 움직임을 줄일 수 있습니다.

2) — 3) 스포크 쉐이브로 볼 아랫면을 깎아 정리합니다. 스

포크 쉐이브는 스플리팅 나이프보다 적은 힘으로 당기고 밀어 깎을 수 있기 때문에 휘틀링 보드의 고정력으로도 작업이 가능합니다. 이 과정을 볼 아랫면을 만드는 시점에 미리 마무리하고 나와도 괜찮습니다.

4) 볼 아랫면 작업 완료 상태.

## [STEP 6. 마무리하기]

1) 볼 아랫면이 완성되었으므로 볼과 자루 연결부를 깨끗하게 정리합니다.

2) **섬 스큐 그립**을 사용해 자루 끝의 마구리면을 정리합니다. 원한다면 꼭지 장식을 추가해도 좋습니다.

3) — 4) 볼 테두리는 챔퍼를 주어 깎아 냅니다.

### [STEP 7. 샌딩과 마감하기]

1) 툴마크를 살려 #600 사포로 가볍게 샌딩합니다

2) 미네랄 오일과 컨디셔너를 발라 마감합니다.

## ▪ 작업 돌아보기

　야외 작업은 낭만적이지만 그만큼 준비도 필요합니다. 작업 양과 단계에 따라 카빙 나이프 한 자루로 충분할 때도 있지만, 때로는 환도, 모탕, 휴대용 연마 키트까지 챙겨야 하죠. 무엇보다 중요한 건, 고정이 필요한 작업을 어떻게 준비하느냐입니다. 야외에서는 실내처럼 안정적인 고정 장비를 사용하기 어렵기 때문에, 그에 맞는 도구나 방법을 미리 고민해 두는 것이 좋습니다. 이번 작업에서는 휘틀링 보드를 사용했습니다. 앉은 자세에서 체중으로 작업대를 고정하고, 발로 끈을 밟아 블랭크를 잡는 방식입니다. 단순한 구조지만 꽤 실용적입니다. 다만 작업 방향이나 자세가 다소 제한될 수 있기 때문에 작업 방식에 따라 스푼 뮬을 챙기거나 멀티앵글 바이스를 고정할 수 있는 자리를 찾는 것도 한 방법입니다.

　이렇듯 야외 작업은 도구와 환경을 어떻게 꾸리느냐에 따라 편의성이 크게 달라집니다. 그래서 처음엔 가볍게 시작해 보는 걸 권합니다. 예를 들어, 처음 만들었던 매직 완드처럼 간단한 부재와 카빙 나이프만 가지고 벤치에 앉아 할 수 있는 작업부터 시도해 보세요. 나무를 다듬는 손길도 좋지만 나간 김에 하늘도 보고 주변을 산책하며 여유를 즐기는 것도 야외 카빙의 크나큰 즐거움입니다. 꼭 많은 작업을 해내야 한다는 부담보다는 자연 속에서 나무와 도구를 만나는 시간을 즐기는 마음으로 나서면 충분합니다.

# 라면 국자

국자 만들기를 미리 스포하자면, 재밌습니다! 이번에는 한 장의 나무로 목물을 만드는 방식을 벗어나, 여러 파트를 따로 만들어 조립하는 방식으로 작업해 봅니다. 각각 만든 부재들이 하나의 목물로 착착 조립되어 완성될 때, '더 재미있는 걸 만들고 싶다!'는 마음이 자연스럽게 들 겁니다. 지금까지 꾸준히 다져 온 카빙 기본기에 간단한 장부 맞춤을 더해 가며, 손끝의 감각이 조금씩 정교하게 깊어지는 걸 느낄 수 있길 바랍니다.

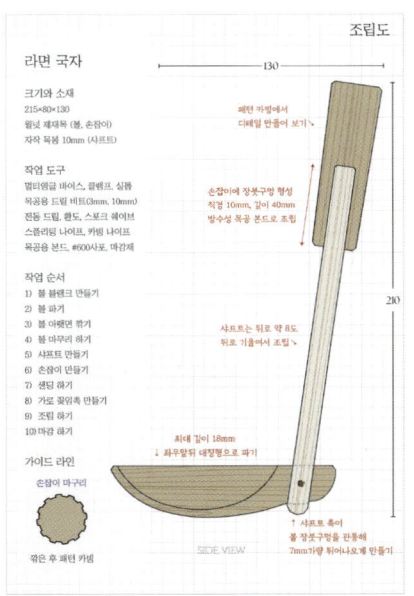
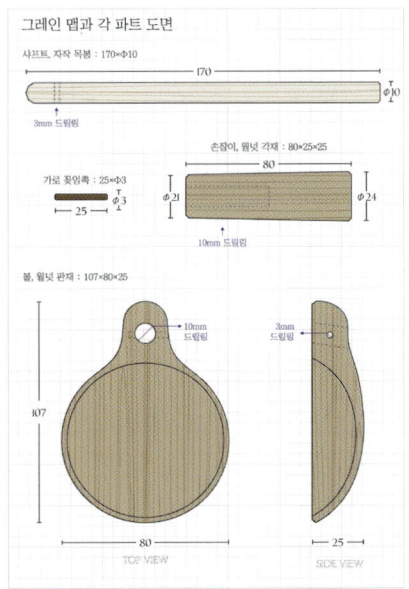

## ▪ 디자인하기

국자를 만들 때 가장 중요하게 고려해야 하는 점은 결 방향입니다. 국자의 볼과 자루는 직각을 이루어야 음식을 제대로 뜰 수 있는데, 이때 결이 자연스럽게 직각으로 이어지는 나무를 찾는 건 매우 어렵습니다. 그래서 이번 작업에서는 볼과 자루를 결 방향에 맞춰 따로 만들어 조립하는 방식을 사용합니다. 이렇게 하면 결 방향 문제를 효과적으로 해결할 수 있습니다.

볼에는 원형 암장부를 만들고, 자루는 이에 맞는 촉을 깎아 결합합니다. 볼 측면에 가로 꽂임촉을 추가로 만들어 자루가 위로 빠지지 않도록 볼과 자루를 함께 관통시켜 고정합니다. 또한 자루는 샤프트와 손잡이로 나누어 제작합니다. 손잡이 쪽에는 암장부를 파고 샤프트는 촉으로 만들어 결합합니다. 이렇게 하면 샤프트는 가늘고 손잡이는 좀 더 두툼하게 만들어 그립감을 높일 수 있습니다.

결국 이 국자는 볼, 샤프트, 손잡이, 꽂임촉, 총 4개 파트로 구성되며 다양한 수종을 조합해 개성 있는 목물을 만들 수 있다는 점도 큰 장점입니다. 이 예시에서는 볼과 손잡이는 월넛 제재목을 카빙해서 사용했고, 샤프트는 10파이(지름 10mm) 자작나무 목봉을 구매해 조립했습니다.

## ▪ 작업 순서

### [STEP 1. 볼 블랭크 만들기]

1) 컴퍼스나 디바이더를 이용해 볼 탑라인을 그립니다. 템플릿을 대고 그리는 것도 좋습니다.
볼 블랭크를 만들 때는 결 방향을 먼저 고려해야 합니다. 결이 블랭크 길이 방향과 일치하면 볼 앞뒤가 약해질 수 있으므로, 샤프트가 연결될 볼 뒤쪽은 끝단에서 약 8mm안쪽에 장붓구멍을 뚫어야 부서지지 않습니다.

2) 샤프트 조립 위치는 송곳으로 미리 카빙해 둡니다. 목공용 드릴 날은 끝이 뾰족합니다. 송곳으로 오목하게 표시하면 드릴링 위치를 쉽게 잡을 수 있습니다. 볼 뒤쪽은 바이스에 물릴 여유부를 덧붙여 그립니다.

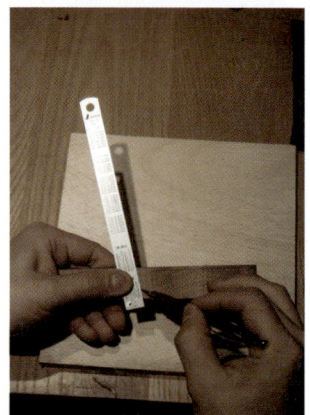

3) 실톱으로 탑 라인을 따라 오려 내어 블랭크를 만듭니다.

4) 블랭크 측면에 샤프트가 꽂힐 각도를 표시합니다. 약 8도가량 기울이면 사용하기에 편리합니다.

5) 10mm 목공용 드릴비트로 장붓구멍을 뚫습니다. 이때 좌우 중심 정렬과 각도를 잘 유지해야 하며, 드릴날이 관통할 때 바닥면이 터지지 않도록 받침판을 대고 단단히 고정한 상태에서 작업합니다.

6) 장붓구멍에 샤프트를 꽂아 기울기와 위치가 잘 맞는지 확인합니다.

## [STEP 2. 볼 파기]

1) 볼 테두리를 그린 뒤 러프하고 빠르게 볼을 팔 수 있는 **타격 그립**을 사용해 결 직각 방향으로 오목한 면을 만듭니다. 이때는 테두리 선에서 약간 안쪽으로 여를 두고 파고 이후 섬세하게 마무리합니다.

2) **투 핸드 그립**을 활용해 결 직각 방향으로 점차 깊이를 만들어 갑니다.

3) 볼 중앙 가장 깊은 지점과 테두리를 깎은 후, 그 사이 경사면이 자연스럽게 이어지도록 볼을 팝니다.

4) 결 직각 방향 작업으로 볼 뒤쪽까지 형태를 잡습니다. 원형 볼은 좌우, 앞

뒤 균형을 맞추는 것이 중요합니다. 눈으로 형태를 보고 손으로 경사면을 만져 가며 덜 오목하거나 더 깊이 파인 면을 감지해 형태를 조율합니다.

5) 최종 깊이는 약 18mm 정도가 적당합니다. 블랭크 두께 25mm에서 바닥에 안정적인 두께를 남기고, 이후 볼 아랫면에서 깎을 양까지 고려해 깊이를 정합니다.

6) 깊이가 만들어지면 **핑거 or 핀치 그립, 펜 홀더 그립**을 사용해 결 방향으로 면을 정리하며 마무리합니다.

**[STEP 3. 볼 아랫면 깎기]**

1) — 2) 스플리팅 나이프로 볼 아랫면을 깎아 살을 덜고 형태를 만듭니다.

3) — 4) 스포크 쉐이브로 형태를 다듬고 면을 깨끗하게 정리해 마무리합니다.

5) 장붓구멍 부분을 평평하게 깎아서 다듬습니다.

6) 톱으로 여유부를 잘라 길이를 맞춥니다.

이미 볼을 판 상태에서 아랫면을 도끼로 쳐서 깎으려 하면, 모탕에 지지된 볼 앞쪽 마구리면이 깨질 수 있습니다. 이번 작업은 실톱으로 블랭크를 오려내는 방식이기 때문에 도끼 작업이 생략되고 스플리팅 나이프로 볼 아랫면 모양을 바로 만들었습니다. 이처럼 블랭크를 만드는 방식에 따라 이후 작업 방식과 도구 선택도 달라집니다. 다양한 작업 경험을 쌓으면 작업 흐름을 유연하게 조정할 수 있고 문제 상황에서도 대안 도구를 활용해 무리 없이 작업을 이어 갈 수 있습니다.

## [STEP 4. 볼 마무리하기]

1) — 2) 장붓구멍 부분에 가이드 라인을 그리고, 마구리와 탑 라인을 깎아 형태를 만듭니다.

3) 볼 테두리는 챔퍼를 주어 깎아 냅니다.

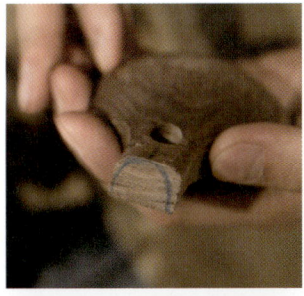

4) 카빙이 완료된 볼 윗면.

5) 카빙이 완료된 볼 아랫면.

### [STEP 5. 샤프트 만들기]

볼과 손잡이를 이어주는 샤프트는 Ø10(지름 10mm) 목봉을 구매해 사용했습니다. 직접 깎아서 만들어도 좋습니다.

1) 목봉을 길이 170mm로 자릅니다.

 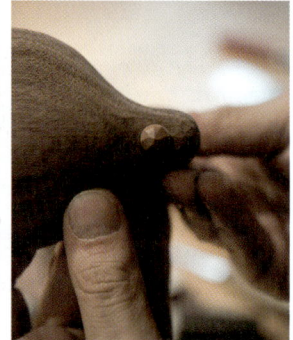

2) 볼 장붓구멍에 끼워지는 촉은 노출되기 때문에 **섬 그립, 섬 스큐 그립**으로 깔끔하게 정리합니다. 손잡이에 들어가는 반대쪽 끝도 모서리를 정리해야 장붓구멍에 잘 들어갑니다.

### [STEP 6. 손잡이 만들기]

1) 손잡이 각재 한쪽 마구리에 모서리를 이은 대각선을 그려 드릴링 중심점을 표시합니다.

2) 드릴 스토퍼나 마스킹 테이프로 드릴링 깊이 40mm를 표시한 뒤, 좌우, 상하 중심이 잘 맞도록 확인하며 드릴링합니다.

※ 손잡이와 샤프트가 안정적으로 결합되려면 꽂임촉의 직경과 길이가 중요합니다. 꽂임촉이 길수록 장붓구멍과의 접착면이 넓어지고 결합이 강해지는데, 일반적으로 꽂임촉의 길이는 지름의 5배 이하가 적당합니다. 직경 10mm 꽂임촉을 사용하므로 장붓구멍을 깊이 40mm로 뚫으면 적절합니다.

3) — 4) 장붓구멍이 뚫린 면에는 직경 21mm, 반대쪽 면에는 직경 24mm 원을 그리고 이를 연결하는 가이드 라인을 그립니다.

5) — 6) 스플리팅 나이프와 스포크 쉐이브로 가이드 라인을 따라 테이퍼형 손잡이를 만듭니다.

7) — 8) 카빙 나이프로 마구리를 깎아서 형태를 잡고 챔퍼를 주어 마무리합니다.

**[STEP 7. 샌딩하기]**

샌딩부터는 다음 챕터에서 손잡이 패턴 카빙을 마친 뒤에 진행합니다.
만약 패턴 카빙을 생략한다면, 앞 단계에 이어서 바로 샌딩을 시작해도 좋습니다.

1) — 2) #600 사포로 각 파트의 면과 모서리를 가볍게 샌딩합니다.

**[STEP 8. 가로 꽂임촉 만들기]**

10mm 드릴홀에 10mm 목봉을 끼우면 약간 헐겁습니다. 국자를 사용하다 보면 볼에는 아래로, 샤프트에는 위로 지속적인 힘이 가해집니다. 이로 인해 두 파트가 점차 분리되거나, 목재의 수축과 팽창에 따라 결합이 느슨해질 수 있습니다. 이를 방지하기 위해, 볼과 샤프트 사이에 가로 꽂임촉을 추가해 분리를 막아 줍니다.

1) 도면을 참고해 볼 한 쪽 면에 가로 꽂임촉이 들어갈 위치를 표시합니다.

2) 볼 장붓구멍과 샤프트, 반대쪽 장붓구멍을 가로지르되, 반대편까지 관통하지 않도록 드릴 깊이를 설정하고, 드릴 스톱 위치를 표시합니다. 드릴 비트는 샤프트의 직경(10mm)의 약 1/3인 3mm를 사용합니다.

3) 샤프트를 볼에 끼운 상태에서, 두 파트가 돌아가지 않도록 바이스에 고정한 후 함께 드릴링 합니다.

4) 3mm 가로 꽂임촉을 끼운 뒤 망치로 가볍게 두드려 고정합니다. 국자 사용과 세척 시 물이 닿기 때문에 접착제는 사용하지 않습니다.

5) 튀어나온 꽂임촉의 끝을 톱으로 잘라 냅니다.

6) 자른 단면을 카빙 나이프로 다듬어 깨끗하게 마무리합니다.

[STEP 9. 조립하기]

1) 손잡이 장붓구멍에 목공용 내수성 접착제를 넣습니다.

2) 접착제가 있는 상태에서 샤프트를 밀어 넣으면 내부에 압력이 생겨 잘 들어가지 않을 수 있습니다. 샤프트가 끝까지 잘 들어가도록 천천히 돌려 가며 끼워 줍니다. 접착제가 넘칠 경우, 마르기 전에 물티슈나 젖은 천으로 닦아 냅니다.

[STEP 10. 마감하기]

1) 접착제가 완전히 굳은 뒤(약 24시간 후)에 전체 표면을 다시 확인합니다.

2) 미네랄 오일과 컨디셔너로 마감합니다.

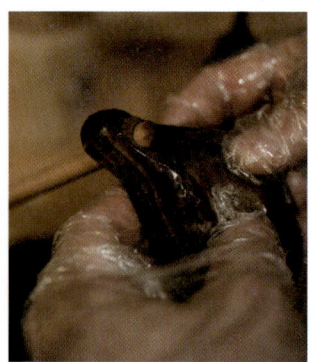

- **작업 돌아보기**

꽂임촉 맞춤은 손으로 할 수 있는 장부 맞춤 중에서도 가장 간단하면서도 정밀한 결합 방식입니다. 장붓구멍은 드릴로 쉽게 뚫을 수 있고, 촉을 원형으로 깎는 작업도 이쯤이면 그리 어렵지 않을 것입니다. 특히 장붓구멍 입구 쪽에서 촉이 더 빡빡하게 물리도록 촉을 미세한 테이퍼형으로 깎아 주면, 접착제를 쓰지 않아도 단단하게 결합할 수 있습니다. 이처럼 장부 구조를 활용하면 서로 다른 수종이나 결 방향이 어긋나는 조합도 시도할 수 있어 디자인 폭이 훨씬 넓어집니다.

이번 작업에서 볼과 자루를 따로 만들어 결합한 방식은 겉으로 보기엔 디자인상의 선택처럼 보이지만, 사실은 결 방향이라는 물리적 제약을 풀기 위한 해법이었습니다. 물론 하나의 목재에서 통으로 국자를 깎는 방식도 가능하지만, 결 방향이 맞지 않으면 구조적으로 약해지거나 카빙 자체가 어려워집니다. 그런 점에서 파트를 나누고 장부 맞춤으로 결합한 방식은 카빙이란 작업 방식에 충실하면서도 가구 제작의 지혜를 더한 시도라고 할 수 있습니다. 작은 국자 하나이지만, 그 안에 결방향, 수종 선택, 구조 설계, 사용성까지 다양한 고민이 담겨 있습니다. 이번 작업이 나무라는 재료를 더 능동적으로 해석하고 활용해 보는 경험이 되었기를 바랍니다.

# 패턴 카빙과 칩 카빙

카빙한 목물의 마무리에는 다양한 방법이 있습니다. 샌딩으로 표면을 매끈하게 다듬을 수 있고 자연스럽게 남은 툴마크를 살릴 수도 있습니다. 그중에서는 조금 더 의도적으로 텍스처를 담아 내는 작업도 있습니다. 바로, 무늬를 새기는 패턴 카빙과 V컷을 기본으로 한 칩 카빙입니다. 툴마크가 작업 과정과 흐름을 보여 주는 기록이라면, 패턴 카빙과 칩 카빙은 생각과 개성을 담아 내는 표현이라 할 수 있습니다. 기법 자체의 난이도는 다소 높은 편이지만 완성된 목물에 특별한 분위기를 더해 줍니다. 이번 챕터에서는 패턴 카빙과 칩 카빙, 그리고 두 기법을 함께 적용한 작업을 소개합니다.

## ▪ 패턴 카빙

일정한 패턴을 깎아 내는 작업을 패턴 카빙이라고 합니다. 카빙 나이프나 스플리팅 나이프로 나무를 깎을 때 생기는 자연스런 툴마크와 달리, 패턴 카빙은 의도적으로 형태를 드러내어 장식 효과를 주는 기법입니다. 보통 환도나 삼각도를 이용해 나무 면을 파내어 오목한 곡면이나 삼각면이 드러나도록 합니다.

예를 들어, 환도로 골을 팠을 때는 '입술 모양'처럼 생긴 오목한 면이 생기고 그 양쪽 가장자리에는 깎이지 않은 원래의 나무 면이 남습니다. 이 가장자리에는 깎이지 않은 원래의 나무 면이 남습니다. 이 경계는 패턴의 외곽선을 이루며 패턴을 이어 파더라도 이 부분이 뜯기지 않고 선명하게 유지돼야 전체 패턴이 뚜렷하게 드러납니다.

　그렇다면 어떻게 해야 깨끗한 패턴을 만들 수 있을까요? 가장 중요한 점은 한 번에 파내지 않고 여러 번에 나누어 패턴을 형성하는 것입니다. 예를 들어 패턴 폭이 12mm라면 우선 폭 기준으로 양쪽 경계선을 그린 뒤 가운데를 얕게 파냅니다. 그다음 이 가운데 면을 따라 점차 파내되, 경계선에 닿지 않을 정도로 폭을 넓혀 가면 자연스럽게 깊이도 더해집니다. 폭과 깊이의 대략적인 형태가 만들어지고 양쪽 경계가 아주 가늘게 남아 있는 상태에서, 각 경계선을 제결 방향으로 한쪽씩 조심스럽게 마무리합니다. 이렇게 하면 경계선이 뜯기기 않고 선명하게 드러납니다.

　패턴을 한 번에 파내려고 하면 깎는 양이 많아 힘도 많이 들고 제결을 따라 경계를 정리하기가 훨씬 어려워집니다. 패턴 카빙 역시 나무를 날물로 깎는 작업이므로, 진행 방향이 결 방향, 결 직각 방향, 결 사선 방향에 따라 제결이 다르게 나타납니다.

**[결 방향으로 패턴을 만들 때]**

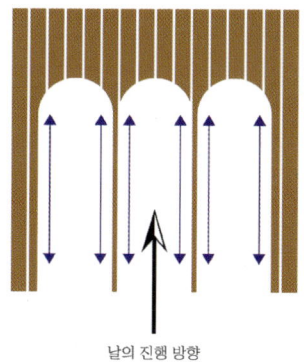

날의 진행 방향

결 방향으로 패턴을 만들면 패턴의 골은 나무 관다발 배열과 평행하게 형성됩니다. 이때 패턴을 파고 남는 부분은 자연스럽게 제결 방향이 되며 결을 따라 깎이기 때문에 상대적으로 깨끗한 면이 나옵니다. 하지만 실제 목재는 관다발 배열이 일정하지 않기 때문에 같은 결 방향이라도 항상 매끄럽게 깎이지는 않습니다. 따라서 한 방향으로 패턴을 파다 보면, 어느 순간 엇결로 인해 경계선이 뜯기거나 거칠어질 수 있습니다.

이럴 경우, 경계선을 마무리할 때 칼 방향을 바꾸어 반대편에서 제결로 다시 깎아 내면 뜯긴 부위를 보다 깨끗하게 정리할 수 있습니다.

**[결 직각 방향으로 패턴을 만들 때]**

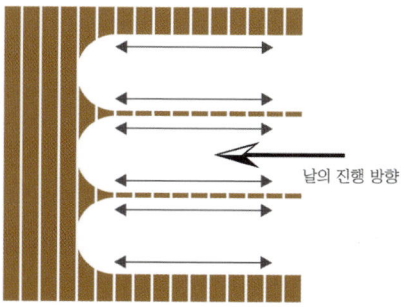

날의 진행 방향

결 직각 방향으로 패턴을 만들 때는 환도로 나무의 관다발을 가로질러 끊으며 파냅니다. 이 경우 결을 따르지 않기 때문에 제결이 발생하지 않으며 동시에 엇결로 인한 뜯김도 없습니다. 즉, 결 직각 방향 패턴의 가장 큰 특징은 결의 영향을 받지 않는다는 점입니다. 그렇다면 결 직각 패턴은 항상 깨끗하게 만들어질까요?
꼭 그렇지만은 않습니다. 결 직각 패턴은 경계선을 이루는 관다발의 결합 면적이 좁고 약하기 때문에, 한 번에 많은 양을 깎으면 관다발이 제대로 절단되지 않아 오히려 경계선이 뜯기거나 불규칙하게 파일 수 있습니다.
따라서 이 경우에도 한 번에 깎지 말고 나누어 작업하는 것이 중요합니다. 조금씩 깊이를 더해 가며 파내면, 경계선을 보다 안정적으로 유지할 수 있습니다.

**[결 사선 방향으로 패턴을 만들 때]**

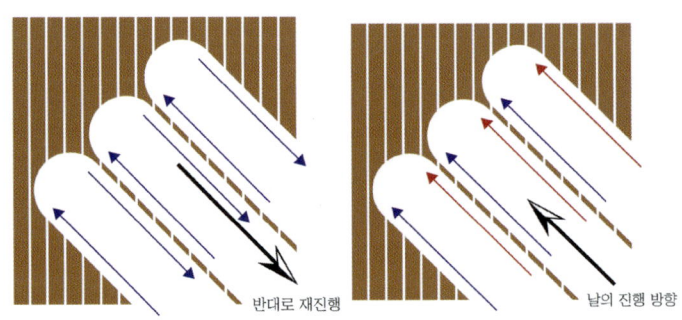

결 사선 방향으로 패턴을 만들 때는 패턴 양쪽 경계선의 제결이 엇갈려 나타납니다. 날의 진행 방향을 기준으로 보면, 좌측 사면은 관다발의 벽에서 입구를 향하는 제결, 우측 사면은 관다발의 입구에서 벽을 향하는 엇결이 됩니다.
이 때문에 한 방향으로만 패턴을 파면, 가장 깊은 지점을 기준으로 한쪽 경계선은 항상 엇결로 인해 뜯기게 됩니다.
이 문제를 해결하려면 뜯긴 사면만 반대 방향에서 다시 깎아 제결로 정리해야 합니다. 즉, 양쪽 경계선을 각각 제결 방향으로 마무리해야 패턴 전체가 깔끔하게 완성됩니다.

 환도 그립이 익숙해졌다면, 환도 패턴 카빙은 어렵지 않게 할 수 있습니다. 9mm 심환도로 국자 손잡이에 심플한 패턴을 만들어 보겠습니다.

## ▪ 작업 과정

### [ 패턴 카빙 ]

1) 국자 손잡이를 결 방향으로 4등분하여 가이드 라인을 그립니다. 패턴 폭은 약 3mm이며, 경계 간격도 3mm로 설정해 톱니바퀴 모양의 패턴을 만듭니다.

2) 직경이 넓은 쪽에서 좁은 쪽으로 제결 방향을 따라 작업을 시작합니다. 마구리에서 칼을 찔러 넣고, 오목한 패턴이 반대쪽 마구리까지 이어지도록 일직선으로 밀어 줍니다.

※ 환도가 작고 깎는 양이 적을 때는 마구리에 바로 칼을 찔러 작업해도 되지만, 큰 패턴을 만들 경우에는 나무가 쪼개지는 것을 방지하기 위해 결방향 면에서부터 작업을 시작하는 것이 안전합니다.

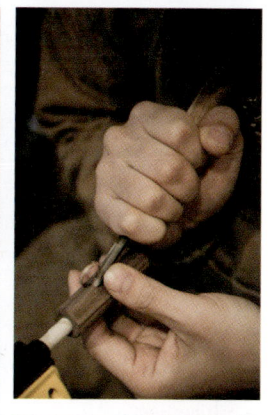

3) — 4) **핑거 그립**을 사용해 결 방향으로 패턴 카빙을 합니다. 경우에 따라 다른 그립을 쓸 수도 있으며, 패턴이 곧게 나올 수 있도록 왼손으로 칼 방향을 조절해 주는 것이 중요합니다.

5) 오목한 패턴이 형성된 상태.

6) 작업 중 엇결로 인해 패턴 경계선이 뜯기는 경우, 칼 방향을 반대로 바꿔 제결로 마무리합니다.

7) 환도는 기본적으로 몸 바깥쪽으로 미는 방식을 사용합니다. 불가피하게 당겨야 할 경우, 칼을 몸 쪽으로 힘껏 당기지 않도록 주의합니다. 힘은 반대쪽 손에 가볍게 실어 부재를 지지하며, 천천히 칼을 당겨 줍니다.

8) 패턴의 폭과 간격을 일정하게 유지하면 전체적으로 균형 잡힌 느낌을 줍니다. 처음부터 끝까지 한 줄씩 돌아가며 작업하는 것보다, 전체를 3~4구간으로 나누어 각 구간에 몇 개의 패턴이 들어갈지 미리 예측하며 작업하면 모든 선을 그리지 않아도 일정한 패턴을 만들 수 있습니다.

9) 오목하게 파인 면까지 샌딩하면 패턴이 흐릿해질 수 있습니다. 패턴이 도드라져 보이도록, 살린 부분만 #600 사포로 가볍게 샌딩합니다.

- **칩 카빙**

조각이 'chip' 하고 떨어져 나가는 데서 이름 붙여진 칩 카빙은 카빙 안에서도 독자적인 영역을 이루는 조각 기법입니다. 칼날을 경사지게 세워 나무 표면을 V자 형태로 베어 내면 얇은 조각이 떨어져 나가며 형태가 드러납니다. 원리는 단순하지만 기하학적인 무늬나 화려한 문양, 심지어 글자까지 새길 수 있어 목물의 장식 효과를 크게 높일 수 있습니다. 다만 조각하고자 하는 문양은 나뭇결에 대해 여러 방향으로 배치되는 경우가 많고 조각선을 날카롭게 따내려면 결이 고운 목재가 유리합니다. 하드 우드보다는 피나무, 버터넛처럼 결이 곱고 다소 무른 나무가 유리합니다. 처음에는 작고 단순한 문양부터 시도해 보세요. 칩 카빙이 얼마나 정교하고 매력적인 작업인지 금세 느끼게 될 것입니다.

- **칩 카빙 나이프 그립법**

[ 칩 카빙 - 1자세 ]

가장 기본적인 칩 카빙 나이프 그립으로 대부분의 문양 조각에 활용됩니다.

1) 칼날이 몸을 향하도록 하고 날 뿌리의 평평한 부분을 엄지와 검지 첫 마디로 감싸 쥡니다. 나머지 손가락은 자연스럽게 자루를 말아 쥐듯 잡습니다.

2) 부재 위에 엄지를 펴서 칼을 약 60도로 세웁니다. 엄지는 목물에서 떨어지지 않도록 합니다.

3) 나무를 따 낼 때는 손을 오므려 칼날을 당겨서는 안 됩니다. 손 모양을 유지한 채로 엄지를 축으로 삼아 칼을 회전시키거나 미끄러지듯 움직이게 합니다.

[ 칩 카빙 – 2자세 ]

작은 삼각 패턴, 홈 파기를 하거나 1자세로 진입할 수 없는 위치를 작업할 때 사용하는 그립입니다.

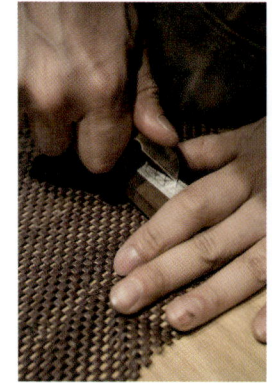 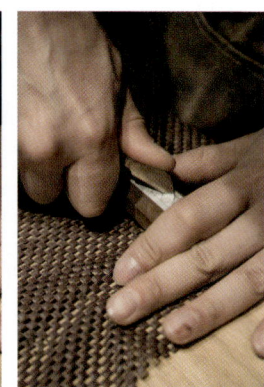

1) 칼날이 몸 바깥쪽을 향하도록 하고, 날 뿌리 등 부분에 엄지를 올려 지지합니다 나머지 손가락은 자루를 감싸듯 말아 줍니다.

2) 부재 위에 손을 올리면 칼날이 약 65도로 세워지며, 엄지 관절이 자루에서 떨어지지 않도록 고정해야 칼이 흔들리지 않습니다.

3) 검지를 기준점으로 삼아, 날 끝을 나무에 찌르듯 눌러 문양이나 패턴의 선을 따라갑니다.

[ 칩 카빙 – 3자세 ]

좁은 공간에 정교한 선을 따거나 깎아 낸 문양을 정리할 때 사용하는 자세입니다.

1) 자루를 엄지와 검지로 잡고, 중지를 날 옆면에 대어 각도를 안정적으로 유지합니다.

2) 칼을 약 60도 정도로 세운 상태로 손 모양을 유지하며 몸 쪽으로 천천히 끌어오며 정리할 부분을 베어 냅니다.

3) 정리하는 동작이므로 힘을 세게 주지 않고, 일정한 양을 베어 냅니다.

※ 칩 카빙 나이프 사용 시 주의 사항
- 손의 위치: 부재를 왼손으로 단단히 잡고 칼날 진행 방향 앞에 손을 두지 않도록 주의합니다.
- 절삭량 조절: 한 번에 깊고 많은 양을 베어 내면 힘도 많이 들고 자세가 흐트러져 일정한 각도 유지가 어렵습니다. 여러 번에 나눠 조각하되, 칼의 각도는 항상 일정하게 유지하는 것이 중요합니다.

## ▪ 효율적인 칩 카빙을 위한 작업 팁

1) 엇결을 먼저, 제결은 나중에: 양손잡이가 아닌 이상 모든 방향을 제결로만 작업하기는 어렵습니다. 한 문양 안에 엇결과 제결이 함께 있을 경우, 엇결을 먼저 작업합니다. 나무 살이 채워진 상태에서는 엇결로 작업을 하더라도 뜯김이 적고 칼이 결을 따라 파고드는 현상이 줄어듭니다.

2) 마무리에는 정밀 그립을 활용하기: 카빙 나이프 그립과 마찬가지로 칩 카빙에서도 마무리에 적합한 그립(3자세)이 있습니다. 이 그립은 힘은 약하지만 손의 감각을 예민하게 유지할 수 있으며, 특히 저각의 평평한 면을 여러 번에 걸쳐 베어 내며 정리할 때 유용합니다.

3) 문양 크기에 맞는 도구 선택하기: 칩 카빙은 작은 칼로 작은 문양을 새기는 데 적합한 기법입니다. 문양이 커지면 평도, 창도 등 더 큰 도구를 사용하는 것이 효과적입니다.

4) 기본 각도와 조정: 일반적인 칩 카빙 각도는 60도 V컷입니다. 하지만 패턴을 강조하거나 목물이 얇아 관통이 우려될 경우 저각 혹은 고각으로 각도를 조정해 작업할 수 있습니다.

5) 마스킹 테이프는 마무리 전에 제거하기: 도안을 마스킹 테이프 위에 그리는 것은 편리하지만 작업 중에 밀릴 수 있고 테이프 두께로 인해 마무리에 방해가 됩니다. 최종 마무리 단계에서는 테이프를 제거하고 칼선만 보고 작업하는 것이 좋습니다.

6) 복잡한 문양은 부분적으로 나누어 작업하기: 작업 중 손에 의해 도안이 지워질 수 있습니다. 작업 범위가 넓고 복잡한 문양은 전체 도안을 다 그리기보다는 작업할 부분만 나누어 도안-카빙-도안 추가의 순서로 부분적으로 작업하는 것이 더 안정적이로 정교한 결과를 얻을 수 있습니다.

지난번 만든 〈서빙 스푼〉에 칩 카빙 패턴을 작업해 보겠습니다. 도안은 〈서빙 스푼〉 챕터에 실린 도면을 참고합니다.

## ▪ 작업 과정

[STEP 1. 도안 그리기]

1) 칩 카빙할 면에 마스킹 테이프를 붙이고 먼저 중심선과 패턴 폭 라인을 그립니다. 테이프 위에 도안을 그리면 작업 후 쉽게 떼어 낼 수 있습니다.

2) 종이 끝을 접어 만든 90도 템플릿을 올려 라인을 따라 비슷한 간격으로 그리면 반복되는 패턴을 빠르게 그릴 수 있습니다.

[STEP 2. 칩 카빙 하기]

1) 좌측 패턴의 윗라인을 **1자세**로 카빙합니다.

2) 목물을 180도 돌려 좌측 패턴의 아랫라인을 **2자세**로 카빙합니다.

3) 우측 패턴의 아랫라인을 **1자세**로 카빙합니다.

4) 목물을 180도 돌려 우측 패턴의 윗라인을 **2자세**로 카빙합니다.

5) 좌우 패턴의 윤곽 작업이 완료된 상태.

6) — 7) 중심선에서 양쪽 패턴으로 칼을 밀어 삼각형 칩이 떨어지도록 작업합니다. **1자세**가 가능한 방향으로 목물을 돌려 가며 사면이 자연스럽게 만들어지도록 합니다.

8) 테이프를 떼어 낸 뒤, 떨어지지 않은 칩을 **1자세, 2자세**로 정리합니다.

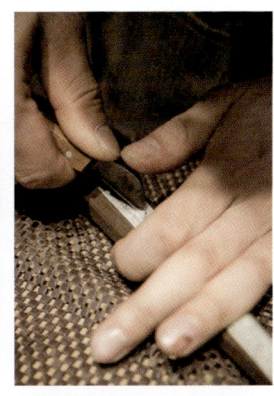

## [STEP 3. 마감하기]

1) — 2) 칩 카빙 면은 별도의 샌딩 없이도 자연스럽고 선명한 질감으로 마감할 수 있습니다.

## ▪ 패턴 카빙과 칩 카빙을 함께 적용한 스푼

이번에는 패턴 카빙과 칩 카빙을 함께 적용해 〈스프 스푼〉 자루를 장식하며, 이 장의 마지막 작업을 마무리합니다. 도안은 〈스프 스푼〉 챕터를 참고합니다. 두 기법을 조합하면 단순한 자루에도 한층 더 입체감이 생기고 개성과 완성도가 높아집니다. 다만 앞의 작업들만으로는 이 두 기법이 아직 익숙하지 않을 수 있습니다. 특히 칩 카빙은 설명한 대로 독자적인 영역을 이루기 때문에 도안을 그리는 법, 날물 연마, 그립 연습 등을 충분히 익혀 보시길 권합니다.

다. 칩 카빙 관련 도서나 영상 자료가 다양하게 소개되어 있으니, 더 깊이 있는 내용은 참고 자료를 통해 천천히 익혀 가도 좋습니다. 칩 카빙이 독립된 기술이긴 해도, 결국은 우드카빙이란 큰 틀 안에 있습니다. 나무와 도구를 다루는 원리와 감각은 통하기에, 이 작업을 발판 삼아 자신만의 작업 세계를 조금씩 넓히며 마음 가는 작업에 기꺼이 다가가 보시길 바랍니다.

- **작업 과정**

[STEP 1. 도안 그리기]

1) 자루 외형이 완성된 상태이므로 종이를 자루에 밀착시켜 돌출된 외형선을 따라 그립니다.

2) 외형선을 바탕으로 패턴을 디자인해 자루에 옮깁니다. 비교적 큰 패턴부터 먼저 그려서 작업하고, 세밀한 패턴은 작업 중간에 그려 순서대로 작업합니다.

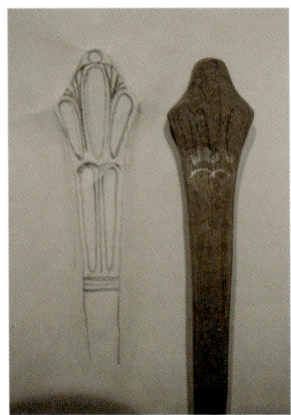

[STEP 2. 오목 패턴과 꼭지 장식 만들기]

1) 9mm 심환도로 가운데에 오목한 패턴 3개를 팝니다. 섬세한 작업이므로 **핑거 그립**을 사용하면 좋습니다. 시작점은 칼을 세워 깊게 진입하고, 끝부분은 칼을 눕혀 점점 얕아지게 파냅니다.

2) 원형 꼭지 장식 부분은 깎기 쉽도록 릴리프 컷 합니다. 톱으로 자르지 않을 경우, 칼금을 넣어 분리감을 주되 부러지지 않도록 주의합니다.

3) **크로스드 섬 그립**을 사용해 카빙 나이프로 꼭지 장식을 만들어 줍니다.

4) 오목 패턴과 꼭지 장식이 완료된 상태.

## [STEP 3. 칩 카빙으로 끝부분 만들기]

1) 가운데 오목 패턴과 측면 오목 패턴 사이에 2개의 V패턴을 만듭니다. 안쪽 패턴은 길고, 바깥쪽 패턴은 짧습니다. 먼저 가운데 오목 패턴 양옆에 날을 넣어 긴 사면을 형성합니다. 좁고 정밀한 라인이 필요하므로 **3자세**로 작업합니다.

2) 마주 보는 면은 **1자세**를 사용해 사면으로 이어서 파냅니다. 긴 사면과 짧은 사면이 만나는 V자 형태의 칩이 생기도록 만듭니다.

3) 칩이 완전히 떨어지지 않을 경우, **1자세**로 반대쪽에서 다시 칼을 밀어 넣어 떼어 냅니다.

4) — 5) 바깥쪽에도 동일하게 방식으로 짧은 V패턴을 만듭니다.

6) 가운데 오목 패턴과 옆의 오목패턴 사이에 2개의 V패턴이 완성된 상태입니다. 세 패턴 사이에 돌출된 삼면체가 입체적인 포인트를 만들어 줍니다.

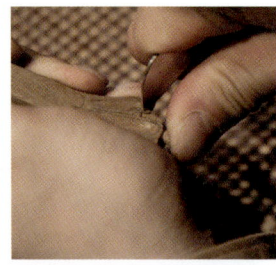

## [STEP 4. 반원 패턴과 긴 오목 패턴 만들기]

1) 중간 부분의 반원 패턴은 9mm 심환도를 세우고 망치로 쳐서 칼금을 찍습니다. 정확한 위치에 칼을 세우는 것이 중요합니다.

2) 환도를 뒤집어 칼금 방향으로 밀며 반원 패턴을 정리합니다.

3) — 4) 반원 패턴 사이에 약간의 간격을 두고 자루 중간까지 긴 오목 패턴을 팝니다. 한 번에 깊게 파지 말고 제결을 확인하며 곧게 팝니다.

**[STEP 5. 분리감을 주는 패턴 만들기]**

1) 긴 오목 패턴 사이를 삼각도로 파서 양쪽 경계를 나눠 줍니다.

2) 자루 중간 지점에 분리감을 주기 위해 약간의 간격을 두고 카빙 나이프로 V홈 2개를 만들어 마무리합니다.

**[STEP 6. 샌딩하기]**

1) #600 사포로 면과 모서리를 가볍게 샌딩합니다.

2) 패턴 카빙과 칩 카빙으로 마무리한 스푼.

# 에필로그

우드카빙이라는 작업은, 그 과정에서부터 결과물에 이르기까지 많은 것을 보고 느끼게 합니다. 어떤 순간에는 나무를 바라보고 결을 살핍니다. 나무를 쪼개며 드러난 거친 질감, 톱의 움직임, 흩날리는 톱밥까지도 시선이 머뭅니다.

반짝이던 날을 다시 갈아 회색빛으로 바래는 것, 그리고 다시 빛을 되찾게 만드는 일. 막 자라난 포도나무 가지처럼 말려 올라간 나뭇밥, 파스타 면처럼 부드럽게 풀려 나오는 나무 조각들.

이 모든 찰나를 눈과 손으로 느끼며, 단출하지만 경이로운 순간들과 마주하게 됩니다. 작업이 쌓일수록 그 과정에서 발견되는 아름다움에 설레고 과정이 하나의 결과물이 되었을 때는 마치 지나간 계절처럼 아쉬운 여운이 남습니다.

그래서일까요, 카빙을 오래 할수록 그 작품 안에 과정이 고스란히 담기기를 바라게 됩니다. 이 책의 여운이 여러분의 작업과 하루에도 가만히 스며들기를 바랍니다.

### 부록 그레인 맵 정답지

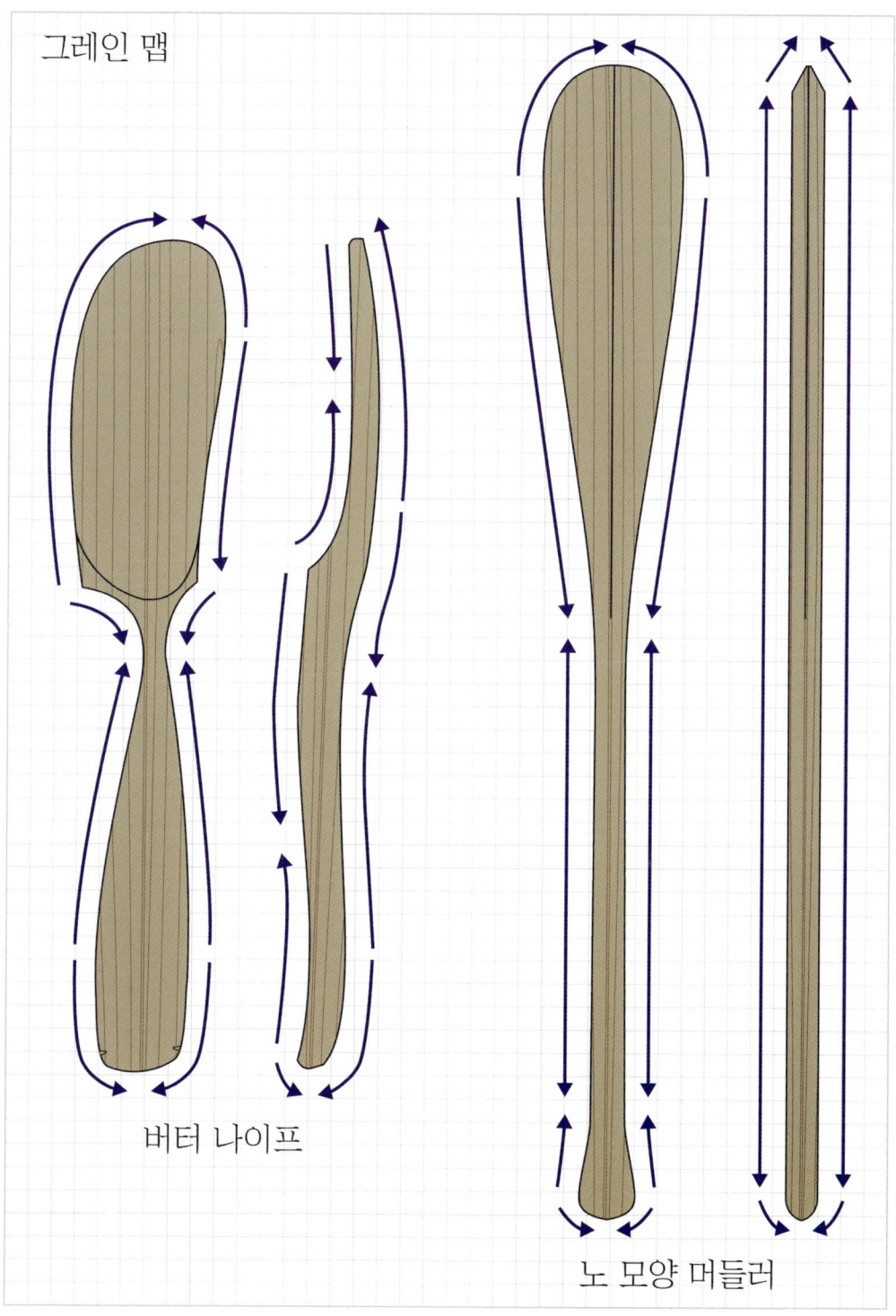

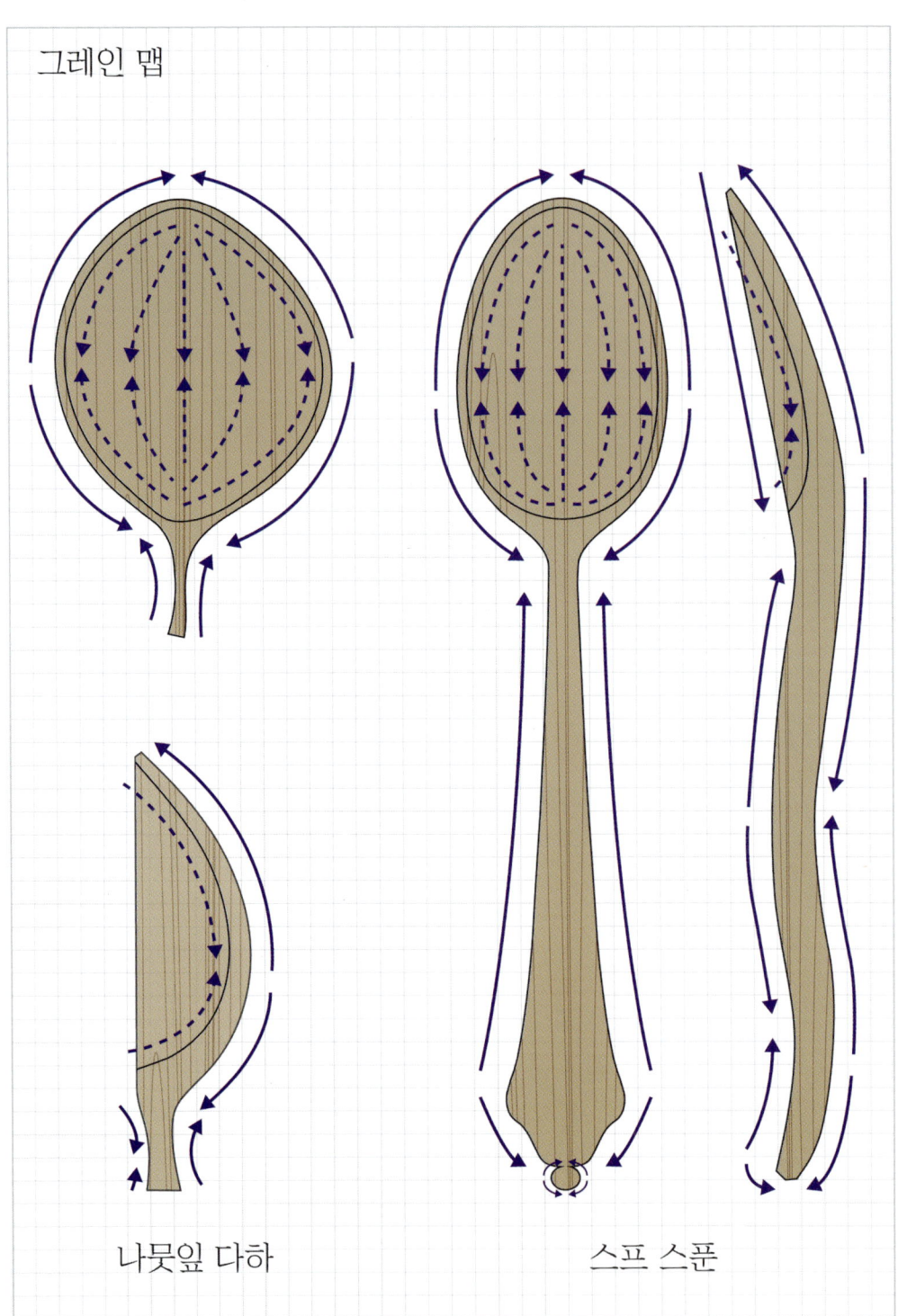

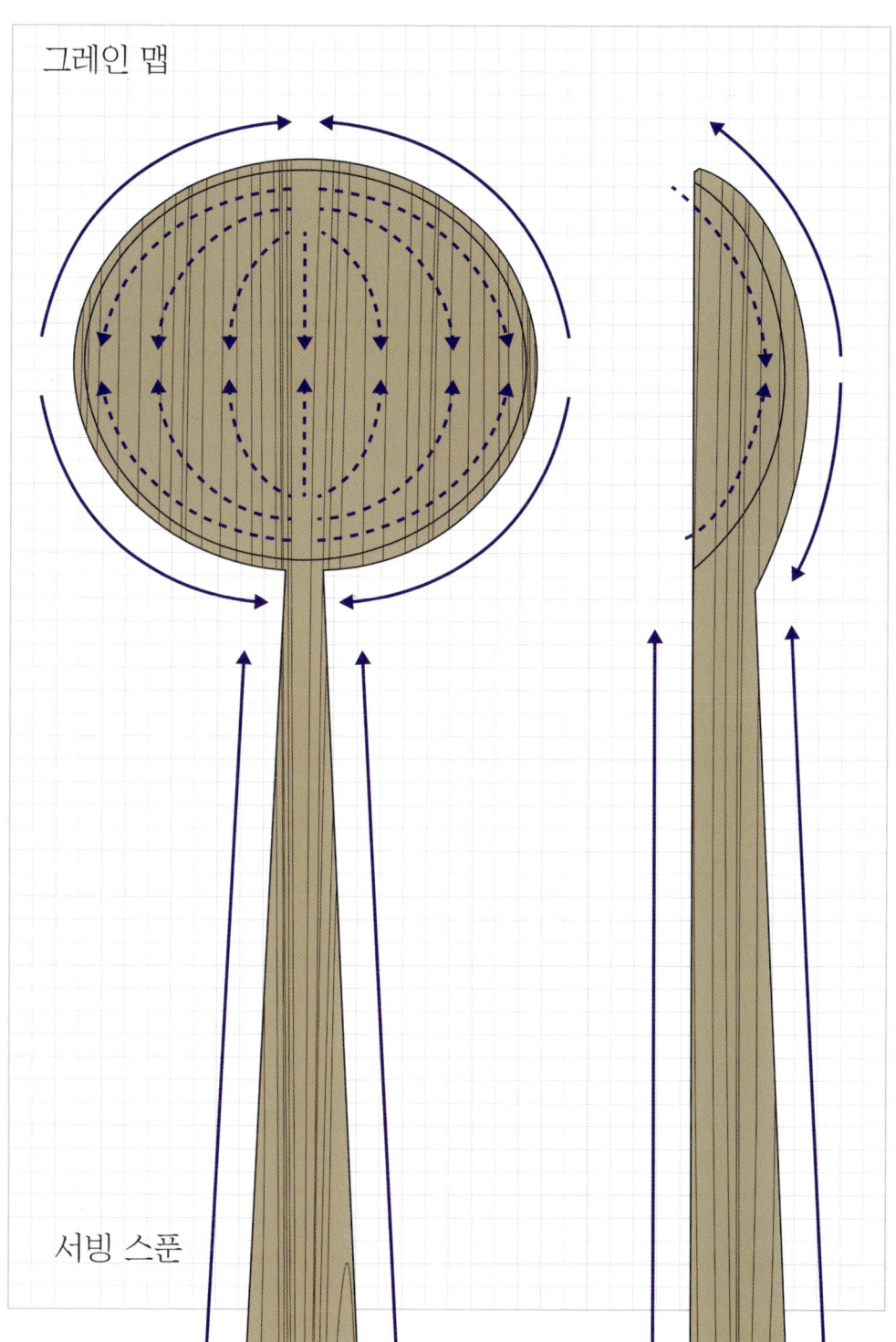

그레인 맵

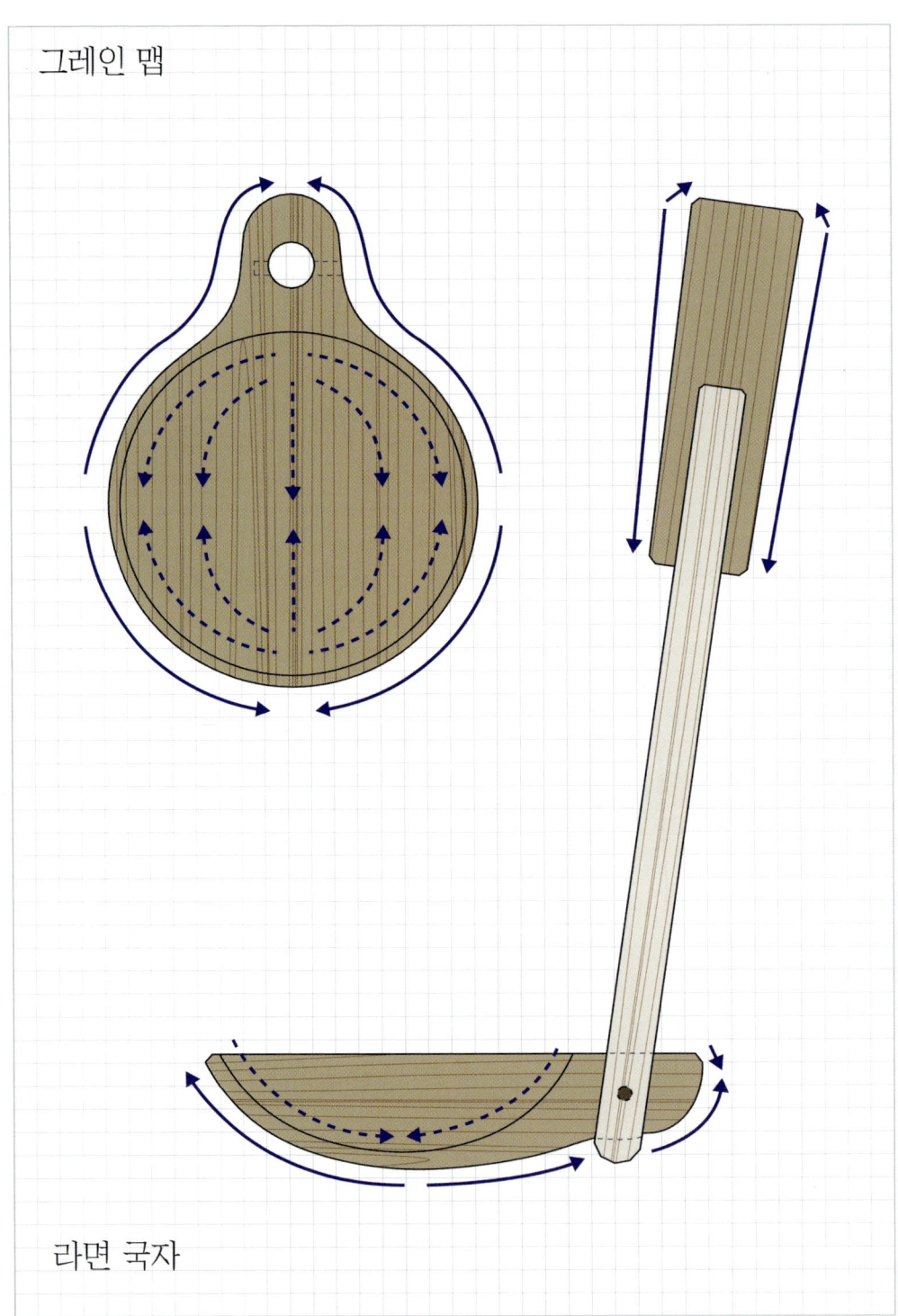

라면 국자